江户时代

岩波新書精选04

[日] 北岛正元 著
米彦军 译

新星出版社 NEW STAR PRESS

新经典文化股份有限公司
www.readinglife.com
出　品

致中国读者

隋唐时代以来，日本在约两千多年的时间里一直努力学习中国的学术、艺术、技术和文化。日本今日之发展，即仰仗中国伟大先哲长期以来的言传身教——这样说并不为过。中国，有学恩于日本。如今，借由新经典文化的翻译和出版，岩波新书来到中国读者面前，我想，这也算是对中国学恩的一点点谢意吧。

岩波新书与中国结缘已久。岩波新书创刊于1938年。前一年，日本加剧对中国的侵略，岩波书店创始人岩波茂雄对独断专行、破坏中日友好的军部感到强烈不满，遂决心创刊岩波新书。要想抵抗日益猖獗的军国主义思潮，首先必须要做的，就是实事求是地了解中国。岩波茂雄秉持着这种信念，最终选择了《奉天二十年》作为创刊的首部作品。

《奉天三十年》是19世纪末至20世纪初，在当时的沈阳努力推行医疗普及的爱尔兰教会医师克里斯蒂的回忆录。这本著作除了向读者展示了当时满洲发生的事情和民众的生活外，还是一本即便以今天的标准来看也颇有学术价值的著作。作为东亚的朋友，对中国人民怀有深切感情的岩波茂雄深受克里斯蒂的触动，将其回忆录翻译出版，以此开始了岩波新书的历史。

承先行者之志，岩波新书此后又出版了许多以中国历史、社会、文化、艺术为题的书籍。自创刊以来及至今日，由岩波新书发行的、以中国为主题的书籍已达140余册。我们对于中国的关注和热情从未衰减，对于岩波新书而言，“中国”已成为身边不可忽视的存在。

那么何谓“新书”呢？或许有必要向中国读者再次进行说明，因为新书是诞生于日本的独特出版物。

新书最大的特点是它“小而紧凑”。在字数上，新书大约在十万日文字左右。标题简练，通俗易懂。若是部头过大，则十分难读；若部头过小，则不能尽兴。而取其中庸的新书正符合日本人喜爱轻快节奏的心性。日本人就是喜欢新书这类书籍的人。

据说，目前日本已经出版了一百多种可称为“新书”的书籍。除岩波新书外，中公新书、讲谈社现代新书、筑摩新书、集英社新书、光文社新书等，以出版社冠名的新书种类数不胜数。各大出版社相互竞争，每月合计发售数十本新书。诸位读者日后来日本旅游时，也可顺路看看日本的书店。日本的书店会有一个“新书区域”，在这个区域，你会看到如同百花齐放般热闹的景象。

在百花齐放的新书领域，岩波新书是第一个在日本发行新书的老字号。创刊八十年以来，我们时时刻刻在满足着日本读者的求知欲和好奇心。岩波新书的一大特色就是其内容的可信度高。

我们在各个领域拥有最权威的学者、编辑和作家，产出了许多可称为名著的作品。在岩波新书出版著作是一件很有荣誉的事，这已经是日本各界达成的共识。

岩波新书擅长的领域是学术和纪实。畅游在学术世界里的学者为将思考和研究成果凝聚成一本小小册子而倾注心血，执笔著述。行走在“真实”世界中的新闻工作者则冷眼审视时代变迁和社会动向，以锋利的笔触向世人传递信息。无论在哪一领域，以满腔热血活跃在第一线，这就是岩波新书。

日本有一个词叫“修养新书”，这也可以说是岩波新书的代名词。读者可以在书中养性修身，进而构筑一个美好社会和世界，这便是岩波新书的目标。不止步于获取知识，而是将获取的知识与自我的生活、生命相连接，所谓“修养”就在于此。将更多的“修养新书”带到这个世界，这就是我们岩波新书的使命和理想。

此次经新经典文化发行的岩波新书，是我们从出版的3 200本书中严格挑选出来的。无论哪一本，都是了解日本历史、文化、社会的绝佳之作，对此我们深信不疑。

最后，我想向中国读者，以及从中牵线搭桥的新经典文化主编杨晓燕女士和各位翻译、校阅的老师致以深深的谢意。已经捧得本书的读者，希望这本书能够成为你美好的人生伴侣。

岩波新书主编　永沼浩一

2018年8月

前　言

就电影、戏剧、广播、文学作品，甚至是孩子们看的漫画而言，江户时代都是个好题材。这种现象不是从今天才开始的，很早以前便是如此，只不过最近更为明显罢了。“江户热”是个值得关注的现象。从某种意义上来说，这是一种复古潮流的表现。但是，很多作品对江户时代的认识未必正确，这是非常危险的。错误的江户观不仅会误导人们崇拜英雄、讴歌暴力，甚至还会在民众心里烙下错误的江户时代印象，扰乱正视现实的价值取向，这是很可怕的。

江户时代不断被拿上台面，这大概是因为“封建”依然以各种形态残存在我们的日常生活中。它们与“近代”巧妙结合，存在于我们所关注不到的地方。要想区分这些古旧的东西、予以摒弃，就必须探明引发这些问题的根源——江户时代的真实样貌。以古为镜的道理便在于此。

这也是笔者写下本书的初衷。不论什么时代，在它形成的过程中，必然有积极向上的建设性举措存在。而当这一时代即将崩溃时，初期的建设性举措反而会抑制新生的事物。日本封建社会发展到顶峰的江户时代也是如此。这就是历史，如果能让读者明白这一点，本书的目的便达成了。

二战后，江户时代的研究取得了长足的发展，特别是以农村为中心的社会经济史的研究。仅占总人口 7% 的武士阶层如何统治着占总人口 90% 的农工商“三民”长达三个世纪之久？这一社会结构是怎样形成的？又是如何崩溃的？这些问题也不过是最近几十年才解开的。

本书将在参考学界迄今为止的研究成果基础上，阐述笔者个人对于江户时代的理解。在有限篇幅内不遗漏基本事实，通俗易懂地勾勒出江户时代的整体轮廓，这绝非易事。至于笔者是否做到了这一点，权由读者评定。另须说明，本书以德川家康改封江户为江户幕府成立的节点，这是因为该事件是德川家康争夺日本霸权的直接出发点。另外，主流观点认为，天保年间是近代日本的起点，故本书遵循该说，将江户时代的结束定在天保年间。

本书参考了许多前辈的研究成果，在此不便一一列名致谢，请允许我统一向各位学者致以谢意。另外，也感谢岩波书店编辑部中岛义胜先生对我的多方照顾。

北岛正元

1958 年 12 月

目录

江户时
鱿鱼干
府中
小仓
名护屋
福冈
中津
平户
伊万里
水晶
鱿鱼干
有田
久留米
碎纹色织布
臼杵
榻榻米席面
佐贺
竹
米
扁柏
熊本
草席
长崎
箱笼
外国航路
（中国·荷兰）
松材
樟脑
鹿儿岛
鱿鱼干
大阪←（西回航航路）→奥羽松前
金泽
福井
鰤鱼
小滨
柴山
松江
鸟取
藤条箱
大垣
草席
砚石
滨田
汤津
锄头
西阵锦缎
火枪
榻榻米席面
姬路
京都
藤条箱
箱笼
冈山
兵库
东
安浓津
福山
盐
大阪
香粉
河豚
荻
广岛
螃蟹
奈良
下关
山口
水晶
堺
水银
护臂
皮具
高松
山田
盐
和歌山
葛
中关
德岛
靛青
松山
木材
上关
碎纹色织布
扁柏
室津
高知
大洲
鲣鱼干
宇和岛
室户

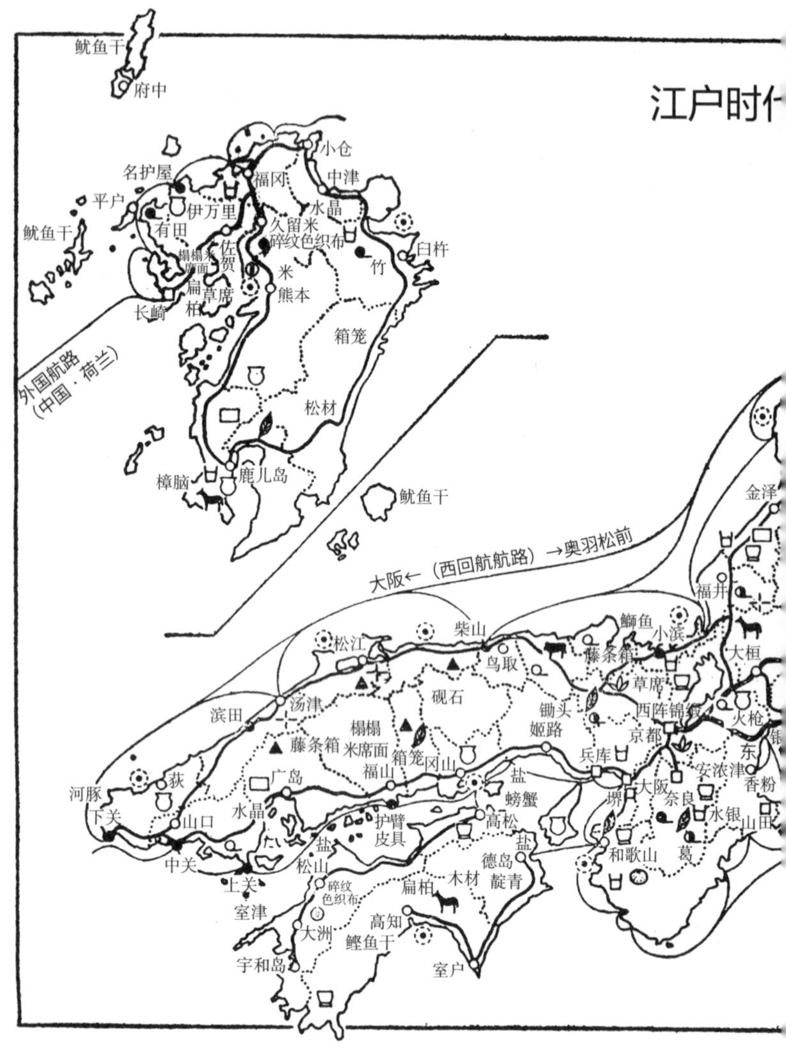

※ 此图为原书地图

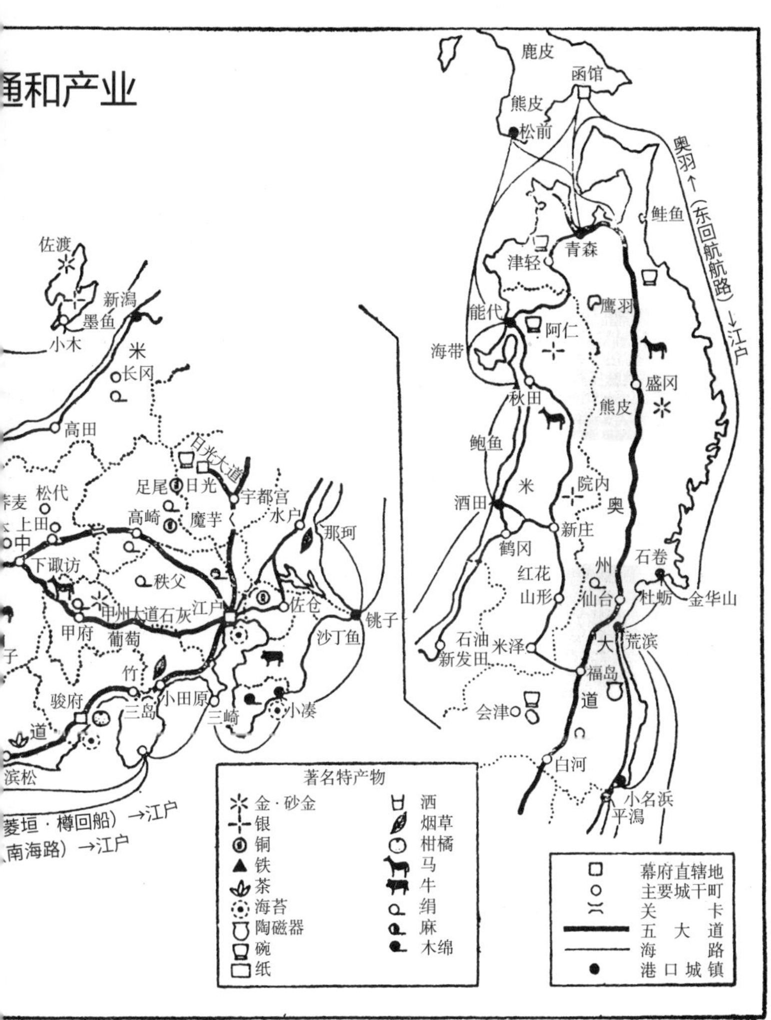
通和产业
鹿皮
函馆
熊皮
松前
奥羽↑（东回航航路）↓江户
鲑鱼
青森
津轻
鹰羽
能代
阿仁
海带
盛冈
秋田
熊皮
鲍鱼
院内
米
酒田
奥
新庄
鹤冈
州
石卷
红花
山形
仙台
杜蛎
金华山
荒滨
石油
米泽
大
新发田
福岛
道
会津
白河
小名浜
平潟
佐渡
新潟
墨鱼
小木
米
长冈
高田
日光大道
足尾
日光
宇都宫
松代
荞麦
高崎
魔芋
水户
上田
那珂
中
下诹访
秩父
江户
佐仓
甲州大道石灰
铫子
甲府
葡萄
沙丁鱼
竹
骏府
三岛
小田原
三崎
小凑
道
滨松
菱垣·樽回船）→江户
南海路）→江户
著名特产物
金·砂金
银
铜
铁
茶
海苔
陶磁器
碗
纸
酒
烟草
柑橘
马
牛
绢
麻
木绵
幕府直辖地
主要城干町
关卡
五大道
海路
港口城镇

德川幕府的主要官制

	官职名称	编制	职务
中央	大老	1	是幕府的最高官职，非常设。
	老中	4	总揽政务，老中领袖称“首座”。
	侧用人	1	担任将军近侍，负责将军与老中的联络。
	若年寄	4	管理旗本等老中无权管理的官员。
	大目付	4–5	在老中的领导下监察各大名。
	目付	16	在若年寄的领导下监察旗本。
	寺社奉行	4	管理神社、寺院、神官、僧侣，负责关八州以外的诉讼。
	江户町奉行	2	负责江户的市政、警务、司法。
	勘定奉行	4	负责天领的监察、财政以及关八州的诉讼事务。
地方	所司代	1	设在京都，负责警备京都、监督西国各大名，处理皇室、贵族相关事务。
	城代	1	设在大阪、骏府、京都二条城等，其中大阪城代负责监察西国各大名。
	奉行	1–2	设在长崎、山田、日光、奈良、佐渡等幕府直辖要地，掌管政务。
	郡代	4	设在关东、美浓、西国、飞驒等地统治幕府直辖地天领。
	代官	40–50	统治天领。

这些官员下面还有庞大的官僚队伍。他们由谱代大名及旗本、御家人任命，外样大名在原则上被排除在外。评定所是诉讼的最高裁决机构，由老中、若年寄、三奉行组成。当时司法与行政尚未区分，因此这些官员都握有行政权和司法权。

第一章　通往霸权之路

日光东照宫德川家康遗训："人之一生如负重荷行远道，不可急。"

一、改封江户

“天下糕”

有一首狂歌[1]这样唱道：“织田捣（米）、羽柴和（面），天下糕，德川张嘴就吃掉。”此歌把织田信长、丰臣（羽柴）秀吉、德川家康三人统一天下的过程比作做年糕。织田信长、丰臣秀吉在统一日本的过程中劳苦功高，而成果却被德川家康坐享其成。那么，家康是否真如此歌所唱，只是将他人做好的糕点一口吞下这么简单呢？此事还有待商榷。

德川家康的确只是为织田信长、丰臣秀吉几近完成的统一大业画上句号而已。但是，要想为持续近三百年之久的幕藩体制[2]打下坚实基础，德川家康必须付出不同于两位前辈的努力和心血。据说，德川家康曾深刻感怀道："人之一生如负重荷行远道，不可急。"作为专制君主，德川家康的这种苦楚虽然不被一般民众所理解，但这的确是一个想要开辟新时代的封建统治者的真实苦楚。

入主江户

1590 年（天正十八年）8 月 1 日，德川家康率军离开五国领地移至关东，以江户为经略逐鹿的根据地。这就是所谓的"入主江户"。五国指三河、骏河、远江、甲斐、南信浓，这些地方是"（东）海道第一武士"德川家康千辛万苦打下的地盘。而关八州[3]则是后北条氏自北条早云以来，历经五代九十年的领地。德川家康到来前的一个月，后北条氏才刚刚灭亡。

由于德川家康灭亡后北条氏有功，因此他被改封关东有着论功行赏的意味。丰臣秀吉早在此前便开始改封大名领地，这一措施与太阁检地[4]相同，都是为了建立统一的封建制度而在全国范围内进行的前期准备，二者均具有划时代的意义。然而在改封过程中，德川家康尽管受到家臣变动带来的强烈冲击，但总体来说，并没有值得他慌乱的事情发生。相反，人们甚至觉得改封是德川家康的一次良机。说起来，织田信长和丰臣秀吉都是将政权由尾张（今名古屋）伸向西日本，而德川家康却是由三河向东扩展。这一点在思考织丰政权与德川政权的性质差异时是颇具启发性的。

家臣集团的部署

改封后，德川家康与旧领地的联系被斩断了。无论是否符合其本意，他都必须转变为新的大名。一般来讲，封建领主的权力由家臣数量和土地台帐记录的土地面积决定。但是，在谈及日本近世大名与战国大名的区别时另当别论。德川氏建立霸权的基础力量在于德川家康进入关东以后对家臣集团和农民的巧妙统制。不过，这还需要德川家康充分发挥三河以来的统治经验，并按照新领地的状况采取因地制宜的政策。

在这种情况下，丰臣秀吉不知为何几乎未对德川家康的内政进行干涉，这也成了德川家康建立霸权的有利条件。德川家康将德川氏的直辖地和下级家臣的知行地[5]集中在临近江户的武藏、相模、伊豆等曾经是后北条氏直辖地的南关东诸国，将食封万石以上的上级家臣置于远方。德川家康的这种做法与后北条氏部署家臣集团的方法大不相同。下级家臣的知行地由德川氏直接检地，尽可能贯彻“一个村子一个领主”的原则，将村庄变为新的统治单位。

另外，后北条氏的直辖地少，不稳定，而德川氏将几乎一半的领地（一百万石）集中在江户周围。这些被集中在江户附近的下级家臣就是后来的旗本[6]和御家人[7]。他们的知行地逐渐被编入幕府领地，大致以宽文年间（1661—1672）实施的关东幕领总检地为节点，大多数下级家臣移至江户，成为藏米取[8]，直接从幕府米仓中领取实物大米作为俸禄。

1722年（享保七年），藏米取在旗本、御家人中占到89%。剩下的11%，除去几乎原样保留旧知行地的少数大旗本外，剩下的下级家臣即便分配到了知行地，也只能按照幕府官方规定的比率来征收年贡。

德川氏就这样利用分配和调换知行地的方式来强有力地控制家臣集团。更为重要的一点是，后北条氏统治时期会用等价金钱来表示知行地的价值，如“几贯钱之地”。在这种方式中，知行地的价值被称为“贯高”。而德川氏取消了这一制度，并以米谷的收获量来计算知行地的价值，即“石高”。在后北条氏的统治下，人们可以用金钱或农产物来缴纳贡租，但知行地的价值只能用“几贯几文”的金钱来表示。德川氏为了将旧规统一为实物缴纳，入国之时即规定以石高来表示知行地的价值。这种替换方法只有两种实现的可能，一是通过检地来确认实际的收获量，二是制定一定的换算方法，将贯文换算为石。由于入国之初尚且无暇检地，因此德川氏采取的大概是第二种方法。

检地

德川氏入国以来，逐年在关东诸国实施检地。初期检地沿用太阁检地原则，但并非百分之百忠实于此。太阁检地将此前 1 反等于 360 坪改为 300 坪[9]，德川氏虽沿用了这一点，但并没有采用町、反、亩的十进位制，反而沿用了旧的大（200 坪）、半（150 坪）、小（100 坪）等单位。另外，德川氏虽然给田地做了等级划分，但并未标出每块土地的石高，其中有些田地还保留着后北条时代所定下的贯文。

这样看来，德川氏入国之初的检地只是为了确定耕地面积以及与之相对的年贡负担人，至于年贡的收取则采取其他方式。正是因为这一点，德川氏才没有完全废除后北条时期的贯高制。登记在检地帐上的农民性质也与这一点有着密切的关系。在近畿地区等经济发达地区的太阁检地中，作为地主的名主[10]从耕作者收获的粮食中克扣、抽成的权利被否定，耕作者虽直接缴纳年贡，但比起隶属于名主的耕作者，名主反而被认为是年贡的负担人。

不过，检地帐上有许多被冠以“太郎兵卫分”“次郎兵卫分”等加上“分”的农民。这种叫作“分附”的做法是为了让身为地主的太郎兵卫担负起缴纳年贡的责任，同时又以“分附”的方式认可其家人或仆人尚不稳定的耕作权。这种做法在后北条时期尚未形成。*

* 此外，当外村人在该村拥有土地时，检地帐上还要写明此人所在的村名。这样做是为了明晰各村耕地的所有关系，以村为单位征收年贡。

像在关东地区，一些留在当地、拥有知行地的名主自后北条氏统治时期起便培养起巨大势力。在这样的地方，与其采取丰臣秀吉“砍掉一两个乡（也无所谓）”的严厉措施、引起这些名主的不满，不如采取旧领地的分附政策，继续承认名主的年贡征收权更为稳妥。

德川氏采用上述检地方针的地区并不仅限于固有的关东领地。德川家康在进入关东之际，还在关西和东海道地区拥有共计十万石的飞地：其一，之前获赐于丰臣秀吉，从三万石增加至九万石的近江守山领地；其二，增加一万石的近江守山、伊势、骏河。其中，关西领地是德川家康在上方[11]开展政治活动的重要财源。1598年（庆长三年），德川家康在近江领地实施检地。当时蒲生郡今在家村的两册检地帐留存至今。其中一册是按照太阁检地的标准制作而成的，另一册是根据村里的传统和风俗重新制作的。

和后北条氏一样，德川家康也赋予了农民投诉地头[12]及代官的权利。不仅如此，德川家康还任用后北条氏遗臣，将留在当地的人任命为名主等村级官吏，免征其房屋税，尽可能怀柔这些有实力的农民。1563年至1564年（永禄六至七年），德川家康因净土真宗（一向宗）领导的“一向一揆”[13]起义深陷窘境。这一事件给德川家康留下了惨痛的记忆，因此当他攻下甲斐国时，他开始积极操控土豪，使其为己所用。

然而，仅仅怀柔豪族并不能实现“富国强兵”的领地目标。

因此，德川家康入主关东后，动员伊奈忠次等人治水、开垦新田，整顿后北条时期以来的“反钱”“悬钱”“栋别钱”等附加税目，规定以金钱和实物缴纳年贡，加强催缴力度。这样一来，即便短期内税收有所减少，但很快便转为增收，不仅补足了亏空，还留有剩余。

经营江户

德川家康把经营关东的重点放在了对农民的统治上。他这样做有其必然性。德川家康是封建领主，其经济来源就是向农民征税。但是，要想完额收缴年贡，就必须禁止农民从事工商业。要做到这一点，德川家康有必要建设城下町[14]，对领地内的工商业进行统一管理。

太田道灌[15]开发的江户驿站经后北条之手，在德川氏统治时期建设成为统一管控领地工商业据点的城下町。这里曾由后北条氏的部将远山氏镇守，城堡的大门仅以三四张船板拼成，十分简陋，后被德川家康暂时沿用。虽说叫“町”（城市），但城门外仅有茅屋约一百间，城东平地是海潮侵蚀的平原，从现在的日比谷附近往南就是江户湾。江户湾的石滩上零零星星地散落着千代田、宝田、祝田等渔村。据说，当时浅草观音附近能采到海潮味十足的海苔，远处还有鲸鱼悠然地游荡在海面上。

为了排水、漕运物资至城附近，德川家康命人开凿竖濠、横濠，用挖出来的土造田架桥。“下町”是填海造成的，打不出好的井水，因此德川家康命令从三河来的家臣大久保主水开凿水源。此水源也就是后来神田饮用水的源头。盐是生活必需品，在当时也是重要的战略物资。小田原送给甲斐武田氏的盐被后北条氏截留，武田氏因此吃了不少苦头。得知此事的德川家康遂命人开凿小名木川，从下总国的行德运盐。

负责建设江户、管控工商业的町人大部分是跟随德川氏从三河、远江来到此地的豪族工商业者。他们取代后北条时期的当地町人，有“三年寄”（三老人之意）之称的樽屋、奈良、喜多村就是其中的代表。值得一提的是，在烧毁的增上寺遗址上建造的连雀町刚一落成，喜多村彦兵卫便成了那里的“商人头”。商人头有权力给背着名为连雀的货架、行商于关八州的商人颁发经营许可或取缔这些商人。这样一来，这些町年寄[16]、御用町人[17]便在闹市中得到广阔的免税地产，他们从各地召来商人、手工业者建设城市，成为江户城的首批建设者。

此外，领地内从制造、贩卖秤和升（量器），到打铁、磨刀、造火枪、造皮革、造陶器、造木桶、酿酒、做点心、染物等众多手工业，每一行都在江户设有专门的管理人员。德川氏为了运输军需物资，还任命马込勘解由等四人为“道中传马役”，其下脚力马夫由周边各村征发而来。跟随道中传马役从三河、远江来的棉花商将传马驿站作为自己的经营地，出入新建成的武士、商人宅邸。在这一过程中，有的棉花商便在大传马町住下，成为棉花批发商。

江户周边的南关东各地自后北条氏时期始，便有很多定期集市开放，其中具有代表性的是每月开六次市的“六斋市”。不过，这些集市的主要目的只是为了让代官、名主将农民缴纳的稻米、麦子等实物（也包括金钱）换成货币。德川氏入主后，只要农民还会用金钱缴纳年贡，集市就依然是钱货交换的场所。但是，德川氏的代官和家臣不断在其居住的军营、城下町开设新的集市，试图架空原有的集市。这些集市成为当地的流通中心，至江户中期时已独立发展，与江户商业没有任何关系。

与上方豪商的合作

德川氏以旧领地的土豪町人为主力，管控新领地的工商业。与此同时，德川氏还效仿丰臣秀吉，积极与上方豪商进行合作。例如铸造京都大判之初，后藤德乘养子后藤庄三郎于 1594 年（文禄三年）担任德川家康的军中御用商人。翌年，后藤庄三郎来到江户铸造了名为“武藏小判”的一两金币。另外，同为京都的贸易商人、与丰臣秀吉关系颇近的茶屋清延，也是从很早以前便与德川家康保持着密切关系。*

* 茶屋清延与德川家康的密切来往始于 1582 年（天正十年）的本能

寺之变。彼时局势混乱，深感危机的德川家康在乡土武士的护卫下，由堺沿伊贺小道平安回到自己的领地滨松，该事件史称“伊贺越危难”。在这次事件中，茶屋清延曾为德川家康提供过帮助。

茶屋清延是德川家康在上方情报机构的负责人。德川家康进入关东后，茶屋清延又参与了江户的建设，同时还把他在滨松的客栈樽屋推荐给了江户的町年寄。

这一时期，茶屋清延最主要的活动是在德川家康的授意下，每年暗中向朝廷献上天鹅两只、金币十枚。至 1591 年（天正十九年），茶屋清延共献礼二十二次。德川家康接近公家[18]并非单纯出于仪礼，其背后有更深层的用意。这一点也可从 1593 年（文禄二年），德川家康命令来到江户的藤原惺窝[19]讲解《贞观政要》一事中窥见。这证明，德川家康不仅以丰臣秀吉后的政权执掌人自居，甚至从很早以前开始，德川家康便有继承室町幕府、重振武家政治的野心。

丰臣秀吉出兵朝鲜时，德川家康被排除在参战的诸大名之外。德川家康表面上颇为不满，但背地里喜出望外。出兵朝鲜使西日本大名背上了沉重的负担，而德川家康则借此打猎消遣，积蓄财力和军力。

二、杜鹃啼叫

关原之战

1598年（庆长三年）8月，丰臣秀吉死后风云突变。出兵朝鲜是葬送丰臣秀吉政权的致命因素。

早在丰臣秀吉在世时，其政权内部便矛盾重重。丰臣秀吉死后，大名之间的矛盾逐渐公开化，分立两派，争斗不休。一派是以石田三成等五奉行[20]为首的文官派，一派是以加藤清正、福岛正则等人为首的武将派。他们虽然都是丰臣秀吉一手栽培的大名，但是，直接执行丰臣秀吉统一政策的官僚大名与一心只想加强领地统治的独立大名在想法和理念上大为不同，这使得双方越发疏隔。而且，石田三成等五奉行以丰臣秀吉遗嘱为后盾，对五大老[21]之首、以丰臣秀吉接班人自居的德川家康非常反感。而德川家康则通过巧妙操纵两派斗争，不断积蓄实力。无论是石田三成还是德川家康，他们都高举"忠义"之旗，但内心却深受日本战国时期以来"下克上"（以下犯上）的思想影响，抱有"皇帝轮流做"的权力意识。不仅是这两人，当时凡是志气之士皆是如此。

但是在各大名中，德川家康实力最强。1600年（庆长五年），会津的上杉景胜联合石田三成准备举兵。听到这一消息的德川家康为讨伐上杉景胜离开大阪，进入伏见城。据说，德川家康曾站在千张榻榻米铺成的大厅内会心一笑，充满自信。德川家康早就料到了自己不在伏见城时，石田三成必然会采取行动。果不其然，7月19日，石田三成进攻德川家康的家臣鸟居元忠把守的伏见城。德川家康在江户闻讯后非常谨慎，直到9月1日获悉己方大名人数后，才从江户出发来到伏见城。当年源赖朝讨伐平氏时，曾在鹿岛神宫、浅草观音寺祈祷。德川家康效仿赖朝同样进行了祈祷，可见德川家康将此次出征视为实现武家政治的第一步。

无论是在名义上还是在事实上，与大阪之战[22]一同成为日本历史上首次没有打着天皇旗号的战争——关原之战拉开了序幕。正如《庆长记》所言，此役“将日本国一分为二，战况空前激烈”，是决定天下归属的决战。德川家康在关原之战中的获胜决定了他夺取天下的地位。自此，其他大名不再有“皇帝轮流做”的想法。正如锅岛直茂所言，“夺取天下之事，做梦也不敢想，且决不能口出狂言，逞口舌之快”（《锅岛直茂谱考补》），此时，诸大名必须抛弃野心，明哲保身。

创立江户幕府

关原之战后不久，德川家康将其姓“藤原”改为“源”，以期成为源氏室町将军的后嗣。德川家康对武家政治传统的敏锐程度是织田信长和丰臣秀吉无法企及的。说起来，德川家康非常倾心于源赖朝[23]，对《吾妻镜》[24]爱不释手，还将《贞永式目》[25]作为典范。

关原之战三年后的 1603 年（庆长八年）二月，德川家康接到期盼已久的将军任命敕旨，于江户开创幕府。至此，德川家康终于等到了杜鹃的啼叫。[26]两年后，德川家康将将军之位传给儿子德川秀忠，隐居骏府（现静冈县），尊为“大御所”[27]，继续执掌幕政。德川家康之所以在很短时间内将将军之位传与德川秀忠，是因为他想彻底消除“皇帝轮流做”的观念，告诉世人天下将由德川氏子孙世代独占。关原之战后，丰臣秀赖被贬为一介大名，领有摄津、河内、和泉等国六十五万石领地。丰臣氏及其拥趸还幻想着丰臣秀赖成人后，德川家康会奉还政权。然而，德川家康的这一做法彻底打碎了他们的美梦。

对大名的管控

德川氏通过德川幕府的建立，将其全国统一者的地位充分合法化。但是，要想名正言顺地坐上此位，德川氏还有许多工作需要做。加强对大名的管控便是其中之一。

关原之战刚一结束，德川家康便以论功行赏之名撤废大名九十一家，减封四家，没收约六百四十二万石领地，将其纳入

大名行列，《东海道高绳牛小屋》，锦绘
民众下跪，孩子骑在牛背上观看。

德川氏的直辖地，或分配给大名以加强幕府的统治力。这样一来，丰臣氏的领地便由两百万石减少到了六十五万石。

与此同时，德川家康还坚决贯彻丰臣秀吉以来的大名改封政策。将军脚下的关东地区按以往惯例，以直辖地或旗本、谱代大名[28]的小藩国形式进行巩固，东海道、中山道、近畿等要地也同样采取上述方式。外样大名[29]则被迁至奥羽、四国、九州等边境地区。德川家康这样做，是为了让不同亲疏、强弱的大名混杂在一起，建立一种使其无法联合的制度。这样一来，各大名便成了幕府将军的棋子，他们断绝了长期以来与领地的关系。正如荻生徂徕在《政谈》中所言，一种“将武士当作盆栽”的体制建立起来。每当将军换代或实行改封时，幕府都会下发由将军盖上红印的朱印状和领地清单，向大名灌输一种观念，即全国土地均为将军所有，是将军将土地恩赐给诸大名的。

这样一来，将军对大名有恩，大名当然有义务整备行列，晋谒江户，承担军役。关原之战后不久，嗅觉敏锐的大名争先自发晋谒江户。幕府成立以后，许多大名更是无视大阪的丰臣氏来到江户，有的大名甚至干脆在江户购置房产。大名提供大量人力、资材帮助幕府建设城市，修理河川和道路，这被称为“助役”，亦是军役中的一项。为了削弱大名实力，幕府也在最大限度地利用他们。

其中，1603 年（庆长八年）幕府成立翌月开始实施的江户市区大规模扩建工程，以及 1606 年至 1607 年江户城的大规模改建工程是动员全国大名、具有空前规模的巨大工程。此时，江户新建三百町，架设日本桥，其周边地区成为江户的商业中心。城中建有壮观的五层天守阁的江户城俨然成为一个巨大的城郭，大名宅院密布在其周围，大规模的城下町也已初具规模。被迫参与助役的大名留意着幕府的一颦一笑，将全部力量投入到工事上。比如，长州的毛利氏等氏族由于领地的运输船不够而惊慌失措，为了筹集资金吃尽苦头；用于城墙刷白的石灰需要从多摩郡上成木和北小曾木两村用“传马”一个驿站、一个驿站地运到江户城；用于御用石灰运输的青梅大道也是在这个时候铺成的。对石灰、石材、木材的庞大需求和巨额投入有力地促进了江户商业的发展。

直接管辖城市和矿山

在管控大名的同时，江户幕府还将全国重要城市和矿山纳入直接管辖范围内。在这一点上，德川氏同样比织丰政权做得更彻底。无论是京都、伏见、堺、尼崎、大津、长崎等政治、贸易城市，还是奈良、山田等寺院、神社众多的城市，都设有所司代、奉行、代官等职进行统治。在这种情况下，幕府起用城市里有权有势的门阀町人，任命他们为奉行、代官或町年寄，以执行江户幕府的城市、贸易政策。

关原之战后，除与德川氏来往已久的后藤氏、茶屋氏以外，此前与丰臣政权、西南大名联合，为其提供军费、军用物资的上方豪商也争先与关东新政权合作，担任代官的豪商势力团体就此形成，江户幕府的经济政策也由他们来执行。*

* 平野的末吉氏西家，京都的角仓了以、角仓与一父子，伊势的角屋氏等朱印船贸易商均属于代官豪商势力。关原之战中，德川氏的万般事务均由茶屋清延之子茶屋清忠处理。京都所司代官职设立后，茶屋清忠又成为京都所司代下属的京都町方元缔（京都町总管），参与市区建设。茶屋清忠之后的茶屋清次辅佐长崎奉行监察长崎市政，处理幕府对外贸易等各项事务。

基于幕府贸易、货币政策以及军事目的，幕府也在同步推行着对重要矿山的直接管控。除佐渡、石见、生野的金山、银山外，伊豆等地的银山也得到了开发。在关原之战中得到承认的大代官大久保长安曾在伊豆银山使用“南蛮流”[30]新式开采方法，取得巨额产出，令德川家康狂喜不已。普通的大名对货币、金银也很渴望，但德川家康对其欲望异常强烈。这是因为，要想成为全国统治者，经济实力必须凌驾于普通大名之上。德川家康用金银采购军需物资，将铅用作枪弹、炮弹的原材料。

垄断货币的铸造权

不过，江户幕府储备金银不仅仅是出于贸易和军事目的。早在织丰政权时代，统一的全国政权发行全国货币、加强财政基础、管控全国商品流通的理念就已经萌芽了。只是江户幕府将这一理念真正提上了日程。1601 年（庆长六年），江户幕府从毛利氏手中没收石见的大森银山，将其纳入幕府的直辖范围。另外，幕府还将三万七千石但马生野领地纳入幕府直辖，以获得生野的银山。翌年，在末吉氏西家的末吉勘兵卫的建议下，幕府在伏见设立银座[31]，铸造名为“锭银”和“小玉银”的银币。幕府想通过该措施，将当时关西地区各城市流通的各藩灰吹银（以烤钵冶金法铸造的银币）统一为一定纯银率的锭银和小玉银。同年，庆长金币的外形、单位也确定了下来，分别铸造大判、小判和一分判（“判”即金币）三种大小。至此，以重量计算的银币和按个数计算的金币均得到了使用，江户幕府对流通体系的管理已走上正轨，现在只剩下铜钱的问题。

自室町时期起，永乐钱等中国铜钱便在日本广泛流通，再加上日本国内私铸劣币混杂其中，致使很多人挑选质量上乘的铜钱收藏起来，这种被称为“选钱”的行为严重阻碍了货币的流通。室町幕府、战国大名以及织丰政权屡次颁布《选钱令》，官方制定善钱与恶钱的兑换比价，原因就在于此。1604 年（庆长九年），江户幕府规定永乐钱与恶钱的比价为 1∶4，但此后的事态并没有好转。江户幕府因此发行庆长通宝，与永乐钱并用，并于 1608 年（庆长十三年）彻底禁止永乐钱的流通，规定金一两兑换恶钱四贯文，翌年又规定金一两兑换银五十匁[32]。但此后永乐钱并未停止流通，幕府的代官甚至继续用永乐钱缴纳年贡。同时，这一点也与庆长通宝的发行量不足有关。其后，江户幕府又发行了元和通宝，并在 1636 年（宽永十三年）首次设立钱座，大量铸造宽永通宝。1668 年（宽文八年），经过多次新币的铸造和发行，永乐钱终于不再流通。永乐钱之所以能够钻幕府禁令的空子屡禁不止，是因为永乐钱作为大众货币与农民的商品流通紧密结合。而永乐钱的消亡，意味着江户幕府对流通体系的管控获得了阶段性的胜利。

加强对农民的管控

霸权确立后，幕府在农民的管控层面（封建统治的关键）

制定了明确的方针。1603 年（庆长八年）3 月，幕府成立后的第一个《诸国乡村规定》颁布。该规定明确指示，幕府领地、私有领地要在一定程度上保护农民。其中包括，代官、领主若背法导致农民逃亡，不得采取强硬手段将其带回；若合法诉愿不被受理，农民可越级上告；代官违法，农民可直接越级上告；不得滥杀农民，等等。当然，其中一些措施早在德川家康还是大名时就已经实施了，但不同的是，该规定是作为最高领导的“至上命令”向日本全国颁布的。不过话说回来，该规定实际上是对太阁检地的基础——小农自立政策的继承，其背后隐藏的是增收实物赋税的真实意图。

上述意图也体现在江户幕府的农政核心——检地上。被称作“天领”的江户幕府直辖地不断向关东以外地区扩张。在这一过程中，检地也逐渐蔓延至全国。1602 年（庆长七年），伊奈忠次在常陆实施检地。这次检地的真实目的，是将曾在关原之战中见风使舵的常陆国大名佐竹氏改封到秋田，为德川家康五子德川信吉入主常陆做准备。后世将这次检地称为“庆长苛政”，其严厉程度可见一斑。在检地过程中，整个天正年间均为 697 石的多贺郡大洼村一跃增至 1 038 石，神社、寺院、山林，甚至寺院遗址也被要求检地，有些不堪重负的僧侣或自杀，或烧毁寺院。1610 年（庆长十五年），和泉贝冢愿泉寺内町民依据幕府赋予的权利，联名向幕府控诉领主兼住持石见。这些町民在寺内町[33]中拥有相当的实力，他们被剥夺传统特权后，又被强加上新的重担，因此一直心怀不满。此时的德川家康一如往常地承认石见的领主权威。

其后的1631年（宽永八年），江户幕府对幕府直辖地和私人领地的农民进行诉讼的程序做出了规定。在本次新规中，庆长八年令（《诸国乡村规定》）中规定的越级上告权被取消，改为通过当地统治机构进行诉讼。这说明，江户幕府的权力机构进一步得到了完善。1643年（宽永二十年），幕府颁布的法令首次纳入禁止土地永久买卖的方针。此法令颁布的直接导火索是前一年发生的大规模饥馑。与此同时，该法令还在衣食住以及农作物的种植方面进行了限制，首次禁止买卖年贡征收地，以保障和维护本百姓[34]的经营独立。上述意图还进一步体现在1649年（庆安二年）同时颁布的《庆安检地条令》和《庆安御触书》中。

《庆安检地条令》与《庆安御触书》

《庆安检地条令》明确规定将测量土地的检地竿缩短为六尺一分（分，尺的百分之一），增加赋税征收量，要求检地官员公平检地，对于经济凋敝的村子宽大检地，严禁对名主豪强宽松、对普通农民严苛。条令还规定，“关于父母家之田地，子分而持之，各自明写姓名于其地，付于账簿”，这是为了将有血缘关系的家族拆分成独立的年贡负担人来征收赋税。《庆安御触书》共三十二条，其中九条认真思考了怎样的技术才能提高生产力这一问题。《庆安御触书》甚至还就衣食住方面做出许多规定和干涉，比如不要无节制地吃大米，不要抽烟；孩子太多、生活难以为继的家庭或将孩子送人，或送孩子去当仆人；妻子即便貌美绝伦，但只要水性杨花、不以夫君为重，丈夫应休掉妻子；等等。以上说明，当时幕府的理想农业形式是“男耕作，女织麻炊飧，夫妇共同劳作”，勤俭力行、自给自足的小农家庭形式。这一点，被认为是“米金杂谷堆积如山，地头、代官不剥削压榨，天下泰平，近邻未有能威胁、压制我国者，子子孙孙富贵荣华”的最大条件。但前提是，必须“完纳年贡”。

然而，无论是按血缘分家，还是使其成为独立的世袭家仆，仅凭一纸法令很难让小农真正成为独立、不依附于他人的农民。越后高田藩的二十六万石领地归藩主松平氏所有。在1682年（天和二年）的越后骚乱中，松平氏被剥夺领地，此地划为幕府直辖地，实施检地。当时的检地条目采取的还是“分附”的形式和让小农独立的方针。于是，为颈城郡越村大肝煎[35]斋藤家开垦新田的佃农便以幕府该条目为依据，请求斋藤家允许他们分别进行检地登记。斋藤家坚决拒绝该请求，双方发生激烈争执。最终，佃农支付了赎身金，终于获得直接向幕府缴纳年贡的权利。除此之外，这样的案例还有很多。

即便是在以幕府领地为中心的区域，要想看到小农（本百姓）为主体的村庄在全国各地生根发芽，恐怕还要从太阁检地等上大约一个世纪的时间。在其后庆长至宽永年间的南关东诸国，以分附的方式登记在检地帐上的小农逐渐增多。宽文年间的幕府总检地这一划时代的措施，使该地区首次出现了近世意义上的行政村。

位于山中的相模津久井领地早在德川家康改封关东之际，便成为江户幕府的直辖地，历经文禄、庆长、元和、宽永、宽文年间多次检地。在1603年至1604年（庆长八年至庆长九年）的检地帐中，赋税量一项依然沿用后北条时期的贯高，且登记人也主要是与名主在血缘上一脉相承的上层农民。但是到了元和、宽永年间检地时，津久井领地的二十二个村被分成二十八个村，年贡增加的同时，小农也开始独立起来。

到了宽文年间检地时，分附的农民已消失不见，下层农民成长起来，水吞百姓[36]甚至也有了自己的小房子，可以作为独立的农民登记在检地帐上。此后，代官、旗本的军营大部分被废除，出现了大批以小农为主体的新型农村，这些小农拥有石高领地，直接受幕府统治。但是，即便形成以一村为单位征收赋税的行政村，但跨村土地所有关系仍无法得到彻底整顿，更不用说与年贡无关的森林和原野了。因此，不少森林和原野依然按照惯例归属于村子中的部落。

三、禁教和锁国

大阪之战

德川氏就这样一步步夯实了统一政权的基础。然而，德川氏还面临两个棘手的问题。一是如何处理丰臣氏，二是采取怎样的基督教政策。这两个问题同时也是密切相关的。

德川家康被封为征夷大将军一事彻底打破了丰臣氏对于恢复政权的期待。丰臣氏的态度也因此强硬起来。1611 年（庆长十六年），德川家康制定法令三条[37]，命令全国大名写下不违背江户幕府命令的起誓书上交幕府。这就是《武家诸法度》的前身。同年，江户幕府下令将全国幕府领地的年贡（米、金）汇集至江户，为防备与大阪方面的决裂做准备。

说起来，德川家康此时已经 70 岁，丰臣秀赖也已年过二十，资质不凡，颇似其父丰臣秀吉。当时有一首打油诗这样唱道："御所的柿子（指德川家康）独熟落地，树下的秀赖等着捡起。"世间流传，如果不改变现状，德川家康死后，天下归属仍是未知数。德川家康向来秉持"不强求"的处世态度，但这次他决意彻底消灭丰臣氏。"方广寺钟铭事件"就是证明。

方广寺的钟铭上写着"国家安康"四字，德川家康认为这是将"家康"二字拆开，诅咒他早死，因此怒斥大阪方面。这也是方广寺钟铭事件爆发的导火索。

在方广寺事件中，前往江户辩白的片桐且元回到大阪后说，德川家康的意思有二，要么丰臣秀赖改封，要么将丰臣秀赖的母亲淀君送至江户做人质。对此，片桐且元主张听从德川家康的命令。但是，强硬派大野治长等人怒不可遏，指责片桐且元勾结江户幕府，扬言要杀掉片桐且元。片桐且元因此在自己的茨木城中坚守不出。*

* 在坪内逍遥的著作《桐一叶》中，片桐且元被刻画成对主子忠贞不渝、充满悲剧色彩的大忠臣形象。但实际上，片桐且元早就叛变了大阪方面，与江户幕府暗中勾结。

这样一来，大阪的丰臣氏便与关东的德川氏断绝了关系，战争一触即发。就连自制、镇定的德川家康听说终于要与大阪方面决裂时，都高兴得仿佛返老还童一般。幕府与大阪方面争相从英国商人手中购买大炮、铅弹等物资以做战斗准备。茶屋清次此时也与长崎奉行长谷川藤广兄弟四处奔走，将大阪方面烧毁二条城的阴谋报告给京都所司代。同时，后藤庄三郎也与大阪方面展开交涉。

大阪方面向自认为对己方有好感的大名发出檄文，请求支援，但江户幕府的牵制非常奏效，无人援助丰臣氏。结果，丰臣氏的主力就成了真田幸村、长宗我部盛亲、后藤基次等没落大名和浪人（也称“牢人”），其中还有不少是天主教浪人。这些人据守在有“易守难攻的名城”之称的大阪城内，拼死搏杀，致使幕府军久攻不下，最终媾和。然而，德川家康以媾和为借口填平大阪城的“内濠”，使天下名城大阪城变为战斗力尽失的空城。在这一事件中，“老狐狸”德川家康的真实面目跃然而出。因此在1615年（元和元年）的夏季战役中，大阪方面只能采取对己方不利的野战作为主要攻击手段。尽管真田幸村等人英勇奋战，甚至两度击破德川家康的大本营，但至5月时，大阪方面终究不敌德川军，丰臣秀赖及其母淀君自杀于城中，丰臣氏至此灭亡。

德川家康任命外孙松平忠明为大阪城主，向其划拨摄津、河内两国十万石领地，用来复兴在战火中满目疮痍的大阪市区。包括“三町人”（指很早以前便与德川家康保持密切关系的尼崎又左卫门、为德川氏制造御用砖瓦的寺岛藤右卫门、管理工匠的大工头山村与助）在内的许多头领前来协助大阪的复兴，许多伏见城的町人也都迁居至此，大阪城的市区规模因此不断扩大。1619年（元和五年），幕府将大阪纳入直辖地，并设置大阪城代。江户幕府由此建立起统治西日本的据点。不久以后，大阪还成为日本全国的市场中心，在抑制各藩经济独立方面发挥重要作用。*

* 大阪城代与京都所司代都是仅次于老中的要职。据说代为了在西日本地区发生重大变故时可以不等幕府命令直接采取应对措施，大阪城会在赴任时就带着盖有将军朱印的白纸前往大阪。

《一国一城令》与《武家诸法度》

1615 年 6 月，丰臣氏灭亡后的第二个月，江户幕府颁布《一国一城令》，下令除大名所在的"本城"外，辅助本城的"支城"一律拆毁。同年 7 月，幕府又颁布了《武家诸法度》和《禁中并公家诸法度》。这些举措实际上是想乘打倒大阪之余威，使朝廷和所有大名听命于江户幕府。上述两项法令均由德川家康的心腹、人称"黑衣宰相"的权贵金地院崇传起草，江户幕府对朝廷和大名的管控方针由此确立。《武家诸法度》对揭发大名和家臣的叛逆行为、修缮城堡的获批方式、严禁新建城堡以及参勤交代[38]等方面做出详细规定，以期树立幕府法令的绝对权威。《禁中并公家诸法度》明确指出"天子诸艺能之事，第一御学问也"，此条的目的是将天皇驱离政治圈，干涉公卿的尊卑次序，以武家和公卿的区分方式使"公武分离"。当时，公卿贵族和女官通奸事件频发，朝廷中不正之风盛行。江户幕府也是抓住这个时机采取了上述措施。从此以后，幕府便以该禁令为依据，任命公卿中的亲幕派为"武家传奏"，以此掌握朝廷内部情况，加强对朝廷的掌控。

德川家康之死

1616 年（元和二年）4 月，大御所德川家康去世，时年 75 岁。

传言称，一直在德川家康身边阿谀奉承的豪商茶屋四郎次郎曾对德川家康说鲷鱼天妇罗好吃，德川家康因此吃了过多的鲷鱼天妇罗发病而死。德川家康生前每日专心念佛，就是为了洗刷沾满双手的鲜血。但是看看他临终前的所作所为便可知道，德川家康依然是不折不扣的专制统治者——三池典太曾为德川家康打造过一把刀，德川家康命人用真人试刀。德川家康挥舞了几下血淋淋的刀，喜形于色地说道："我要用这把大刀永远保护我的子孙。"随后，德川家康将此刀放在枕边，咽了气。此外，德川家康还曾对前来探望的大名说："天下轮流坐，若德川秀忠不成器，你们中的任何人都可取而代之。"德川家康的这段话充分表现了他的自信。但与此同时，他又悄悄命令近侍："关东皆是世代家臣，不必担心，最让我放心不下的是关西大名。我死后，在我的墓地朝西安放神像，以镇护西国。"

德川家康留下遗言，将其葬在久能山。不过德川家康死后，其心腹天海并未执行他的遗嘱。按照吉田流唯一神道[39]仪式，德川家康虽被暂时安葬在了久能山，但不久后，大海使称该做法违背德川家康遗嘱，强行将其改葬至日光山。之后，日光山上建起雄伟壮丽的东照宫，德川家康之魂被尊为"权现样"和"东照神君"。而且，德川家康的言行或被润色，或披上一层神秘的面纱，甚至在其死后颁布的、与德川家康没有半点关系的政策和制度都冠以"祖法"之名，一直延续至幕末。

德川家康在骏府、江户、京都、伏见、大阪各地作为军费积蓄起来的巨额金银远超丰臣秀吉。传说，伏见城的金库大梁因承受不住金银的重量而被压断。德川家康虽然在生前已经分给儿子德川秀忠一部分黄金，但其死后剩下的黄金依然多达两百万两。德川秀忠将其中大约七十五万两分给血亲御三家[40]，剩下的储存在久能山的金库中。自第三代将军德川家光起，这些黄金逐渐耗费在了救济穷困的大名、旗本，或应对天灾等非军事层面上。

德川家康的贸易政策

大阪之战的前不久，江户幕府对基督教的政策曾发生重大转变。德川家康死后，这一倾向进一步升级。德川家康执政时期，贸易与传教被分别对待。而此时，江户幕府为了禁教甚至不惜牺牲贸易。

德川家康一生对贸易非常执着和重视，在这一点上他甚至超过织田信长和丰臣秀吉。看看他积蓄起来的巨额金银，那就是他执着和重视贸易的结晶。但另一方面，德川家康作为封建统治者和佛教净土宗的信徒，又与丰臣秀吉一样，对基督教没有什么好感。德川家康之所以直到晚年都未曾真正镇压过基督教，是因为“（基督教）对日本政治、商业有利，因此对其酌情处理”[里昂·巴杰斯（Léon Pagès）《日本切支丹宗门史》]。基督教教义虽尊重主仆情谊，但另一方面又认为对上帝的虔诚高于生死和俗世的义理，德川家康认为这与封建主义是背道而驰的。同时，那些通过有效组织家臣集团来巩固藩国统治力的大名也存在同样的忧虑。特别是在关原之战后，进一步服从幕府的诸大名敏锐地察觉到幕府的意愿，强迫藩士和领地内的基督徒弃教，或将其流放。据某传教士的报告显示，1605 年（庆长十年）日本国内基督徒达 70 万 -75 万人，其中还包括为数众多的天主教浪人。因此，如果江户幕府下定决心禁教的话，便会促使丰臣氏与西日本大名联合组成反幕府势力集团。

德川家康直到晚年都对基督教的传教采取宽大态度的另一个原因在于，“南蛮贸易”可以带来巨额收益。葡萄牙人自 1557 年在澳门设置据点以来，统一购入名为“白丝”的中国生丝和丝织品出口日本，然后从日本获取白银，以此长期垄断对日贸易。由于将军、大名、城市中的豪商对生丝、丝织品的需求量很大，因此葡萄牙商人可以单方面定价，获取的利润总在四至五成以上。对此，日本贸易商人中逐渐出现限制生丝购入价格的声音。丰臣秀吉在世时已经注意到了这个问题，而德川家康对此更为积极。这是因为，德川家康以御用丝的名义也在进行直接的生丝贸易，因此限制生丝价格对他来说是有利的。

1601 年（庆长六年），朱印船贸易开通，中国生丝进口量增加。这对葡萄牙商人来说也是一个重大的打击。而且，朱印船贸易以制度的形式确立下来也是因为德川家康。在这一制度下，每次航海时，幕府都要下发名为“异国渡海朱印状”的渡航许可，该许可可以保障朱印船在南洋各地的贸易活动。1604年（庆长九年）至1635年（宽永十二年）的32年间，开展贸易活动的朱印船贸易商达106人,派出的船舶达341艘。其中，日本人占83人，其中以京都的角仓了以、茶屋四郎次郎，大阪的末吉孙左卫门，长崎的末次平藏、荒木宗太郎等人为代表，京都、大阪、堺、长崎豪商占据大半，西日本的大名也有不少。

海上贸易的渡航地从台湾、澳门一直延伸到东自马鲁古群岛、西南至马来半岛之间的十八地。前往印度支那半岛（中南半岛）的交趾、柬埔寨、暹罗、吕宋岛等地的朱印船甚众。留在以上四地的日本人还在当地建设了颇为繁荣的日本街。其中，山田长政从暹罗日本街的一介日本雇佣军队长成长为泰国诸侯国洛坤国国王、滨田弥兵卫在台湾与荷兰人争夺商权等故事格外著名。

在推进朱印船贸易的同时，德川家康为应对日葡贸易的形势变化，于1604年（庆长九年）实施了《丝割符商法》。在长崎奉行的监督下，遴选堺、长崎、京都颇具实力的町人十四人担任生丝贸易商人领袖，以他们规定的价格从葡萄牙商人处垄断采购生丝，再分配给西阵等日本国内各城市商人。以上便是该法的大体构造。不过，从南洋各地进口生丝的朱印船贸易商也会分得生丝，这些人占到朱印船贸易商的62%。因此，《丝割符商法》不但给葡萄牙商人造成重创，还在幕府加强城市上层町人管理方面起到重要作用。

1609年（庆长十四年），曾是天主教大名的有马晴信击沉葡萄牙船只圣母号（Madre de Deus），日葡贸易因此暂时中断。待三年后贸易重开时，日本已不见昔日繁荣的贸易景象，与西班牙的关系也逐渐疏离。圣母号事件发生那年，德川家康在接见西属菲律宾群岛长官唐·罗德里戈（Don Rodrigo）时，曾故意表现出对基督教传教活动的宽容，希望以此与西属墨西哥开通贸易，请求西班牙派遣熟练矿工赴日。然而，唐·罗德里戈对此事的态度极为冷淡。四年后，伊达政宗派遣家臣支仓常长前往罗马，其使命之一就是开拓德川家康所期望的日本与西属墨西哥的贸易。

然而对于葡萄牙、西班牙的商人和传教士来说，更加需要担心的另有其人。关原之战一触即发的1600年3月，新教国家荷兰的船只李福德号（Liefde）漂至丰后。从船上下来的英国人威廉·亚当斯（William Adams）、荷兰人扬·约斯滕（Jan Joosten van Lodensteijn，日本名叫“耶杨子”）才是商人和传教士需要担心的敌人。特别是亚当斯，他给自己取日本名叫三浦按针，作为德川家康的外交顾问受到重用，在德川家康身边颇有政绩。德川家康跟随亚当斯认真学习几何学和数学，不仅让亚当斯制造欧式船只，还援助亚当斯开辟北方航路、直接与英国本土通商的计划。1609年和1613年，荷兰与英国分别在平户开设商馆。至此，日本全国各地均实现通商。荷、英两国与西、葡两国不同，前者是新教国家，不会在贸易的同时传教，这一点让江户幕府很放心。

荷、英两国出口到日本的货物虽与西、葡两国大同小异，但销售的对象并不是日本的一般民众。面向幕府、大名时，他们出售保存武器所需的呢绒以及火枪、火药、铅等军需品，面对城市豪商时，他们出售呢绒、生丝、棉花、胡椒等商品。总的来说，这些商品的最大买家依然是德川家康。

开始禁教

在上述诸多条件下，葡萄牙、西班牙与日本的贸易活动出现越来越多的不利因素。与此同时，与两国贸易密不可分的基督教传教活动也是如此。这虽然与耶稣会、方济各会、多明我会在传教上的势力纷争不无关系，但更重要的是，幕府愈发担心西葡两国对日本领土的野心。在国土安全方面，亚当斯等人也时常提醒德川家康。正如方济各・沙勿略[41]在信中所言，基督教传教背后，或多或少都隐藏着“解放”日本人灵魂，使日本臣属于罗马教皇，将日本国土和人民全部纳入葡萄牙和西班牙国王名下的意图。最让幕府感到不安的是，旧教国家葡萄牙、西班牙野心勃勃，试图殖民日本，并与丰臣氏为首的反幕势力联合，威胁尚未站稳脚跟的统一政权。

因此在消灭丰臣氏之前，幕府必须打击基督教众多宗派中的核心部分。1613 年（庆长十八年）12 月，幕府下发由崇传制定的传教士驱逐令。当时，驱逐令仅限于幕府直辖地，但很快就在翌年推广至日本全国。除传教士外，被丰臣秀吉流放、投靠加贺前田氏的天主徒大名高山右近也是在此时被流放吕宋的。当时的基督教信徒人数已增长到了令人惊讶的地步，就连德川家康骏府宅邸的侍女中，也出现了十分虔诚的基督徒。

一直执着于贸易利益的德川家康死后，幕府的禁教力度以及对基督徒的迫害越发激进起来。1614 年（庆长十九年）至 1635 年（宽永十二年），大约有二十八万名日本信徒被处刑。他们遭受到的残酷迫害绝非语言所能表达的。1622 年（元和八年），藏在西班牙商船中偷渡至日本的两名传教士以及各派基督徒 55 人被火炙或斩首，这就是著名的“元和大殉教事件”。1624 年（宽永元年），德川家光出任将军的第二年，50 名基督徒在将军脚下的江户被处以火炙刑。在九州的有马地区，领主松仓重政的迫害尤为残酷。他首先会在信徒的额头和脸颊上用烙铁烙上“天”“主”“教”三个字，然后穴吊[42]、沉海，或将其扔进岛原半岛云仙岳的温泉中。

到了这一时期，基督教已从日本的东北地区扩张至虾夷地，并在被剥夺中世特权的地方豪族、承担沉重赋税的贫农、苦于奴隶劳动的矿工之间生根发芽。一开始，日本人对基督教就像天主教大名那样，只是出于贸易利益，在表面上信奉基督教而已。但是到了此时，这种信仰已经与反权力意识相结合，变成了民众的信仰。之所以这样说，是因为这一时期天主教大名争相背教，接受幕府命令疯狂镇压基督徒。随着迫害的加深，虽然也有信徒弃教，但许多信徒还是以“组”或“讲”（类似于互助会）为根据地，全村死守信仰。在“若抵抗被杀，则不会沐浴在殉教的荣光中”的信条下，信徒恪守决不抵抗原则，任由他人斩杀。自庆长末年起，幕府命令寺院为改宗的基督徒提供证明。至宽永初年，幕府又想出“踏绘”的方法，同时还在町和村以五户为一组，互相监督和检举。

踏绘，摘自西保尔德的《日本》

幕府官员命令民众踩踏基督或圣母玛利亚的画像，拒绝踩踏者即被视为基督教信徒。

为了更有效地镇压天主教徒，幕府对贸易的限制也在随之加强。1616年（元和二年），与禁教没有直接关系的英国、荷兰商船也被禁止在长崎、平户以外的港口靠岸，两国在日本内陆的商业通道被阻断。尤其是此前一直萎靡不振的英国干脆在七年后退出了日本。该措施是长崎奉行长谷川藤广、茶屋氏等幕府官吏和一小部分担任代官的豪商提出的建议。随后，幕府又进一步对朱印船贸易进行限制。1633 年（宽永十年），除朱印状外，没有老中奉书[43]的商船也被禁止出航，朱印船贸易商因此大幅减少。这样一来，朱印船贸易就被茶屋氏、角仓氏、末吉氏等与幕府保持特殊关系的豪商，以及英国人三浦按针等七人垄断。在丝割符制度方面，除堺、长崎、京都三地外，江户、大阪两地商人也被纳入其中，并加强了管控的力度。到了 1635 年（宽永十二年），包括持有老中奉书的船只在内，所有日本船只和日本人都被禁止渡航，居住在国外的日本人也被禁止回国，违反此令者将被处以死刑。翌年，幕府在长崎建造出岛以隔离葡萄牙人，禁止他们除贸易以外的一切交流。

岛原之乱

为了彻底禁教，幕府在牺牲贸易和日本人海外发展的道路上越走越远。1637 年（宽永十四年），幕府以岛原之乱为契机彻底闭关锁国。

岛原之乱实际上是农民基于反封建意识的信仰，通过奉行该信仰的组织向反抗幕藩权力的组织转化的产物。被纳入幕府统治的肥前岛原城主松仓重政、天草城主寺泽广高为加强藩的权力对农民强取豪夺，是引发岛原之乱的直接原因。岛原领地的产量仅有四万石左右，但松仓重政却在修建江户城等工程中，主动申请承担相当于十万石的课税。他还向幕府呈上远征吕宋（日本天主教徒的根据地）的计划，博得幕府的信任。然而，松仓重政将其中产生的所有负担转嫁到领地的住民身上。至松仓重政之子松仓胜家时，不但原有的税收越来越高，甚至还出现了许多新设税种。住民一旦无法缴清税收，不论庄屋（名主在关西地区的叫法）、村民，一律捉其妻儿为人质，动用水刑，或为其穿上蓑衣，用火烧死。人在蓑衣中被烧得满地打滚的样子，甚至被戏称为“蓑衣舞”。

与岛原隔海相望的天草是日本基督教的草创之地。天主教大名小西行长、天草种元门下的许多浪人对强制推行兵农分离、剥夺他们地方豪族特权的天草领主寺泽氏抱有强烈不满。他们奉同为小西浪人、担任庄屋的益田好次之子益田四郎（又名“益田时贞”）为“降临的上帝”，煽动连年歉收、困窘无助的农民发动起义。据说起义军的人数达到了两万五千人。他们占据荒废的原城，期待着只有基督徒才能获得拯救的“末日”，与十二万幕府军展开英勇的战斗。*

* 因主帅板仓重昌战死，幕府慌忙派遣老中松平信纲赴前线指挥。松平信纲采取切断粮道的策略，令荷兰军舰由平户回航，从海上炮轰敌营，

最终攻陷原城。

岛原之乱让幕府再次认识到了基督教的威胁。但是，幕府并没有意识到，岛原之乱实际上是农民反抗集中强化的封建统治的战争，只是对外宣称这是天主教徒的阴谋。反而是罗马教皇看清了事态的本质，他拒绝将起义中被杀害的教徒列入殉教者之列。岛原之乱后，幕府于 1640 年（宽永十七年）设置宗门改役[44]一职，进一步加强对幕府领地内基督徒的搜捕力度，同时又严命各藩效仿幕府。

基督教信徒改信佛教的政策虽然早已实施，但此时这一政策的适用范围进一步扩大，所有人都必须依附于檀那寺[45]，接受寺院开具的佛教徒证明。檀那寺管理的“宗门人别改帐”上登记了该町或村的檀家[46]所有家庭成员的姓名，当檀家有人出生、死亡、旅行、结婚、外出奉公时，必须向檀那寺汇报。江户时代的寺院通过这样的“寺请制度”，对民众生活的方方面面进行干涉，充当了江户幕府封建统治的有力工具。

闭关锁国的完成

以岛原之乱为直接契机，江户幕府的闭关锁国体制彻底完成。1639 年（宽永十六年），葡萄牙船只来航被全面禁止。1641 年，荷兰人取代葡萄牙人被转移至出岛。随着日葡贸易和朱印船贸易的中止，不断有贸易商人（担任幕府官吏的豪商也包括在内）的海外巨额投资化为乌有，地位也随之没落。荷兰和中国虽然取代葡萄牙成功垄断了对日贸易，但这些贸易依然受到“丝割符集团”的极大限制。许多日本人被驱至海外，一生无望回到祖国，他们的悲叹正像阿春缠绵悱恻、思念故土的书信一般，至今仍然刺痛着日本民众的心。[47]

江户幕府担心旧教国家以布教为手段吞噬日本领土，这才是幕府下定决心闭关锁国的直接原因。这时，幕府已经建立起较为完善的幕藩体制，能够最大限度地征收最为重要的商品——大米为赋税，阻断农民与商品经济之间的联系。随着幕藩体制的建立，幕府已经没有必要再通过默许传教的方式来获取贸易利益。不过，闭关锁国并没有根绝日本人的基督教信仰。直到江户末期，仍然有许多秘密信奉基督教的教徒被检举和揭发，这就是最好的证据。

闭关锁国的影响

闭关锁国对内使江户幕府维持了长达两个半世纪之久的霸权统治，对外又在荷兰商人取代葡萄牙、英国商人，垄断日本乃至东洋贸易方面起到重要作用。另外，江户幕府用国际上的孤立换来的国内和平也催生了国内产业和独特的城市文化，这是毋庸置疑的。从当时的形势来看，要想确立幕藩体制，闭关锁国也许是不得已而为之的举措。然而从结果上看，闭关锁国使日本被世界远远甩在了身后，这也是不容争辩的事实。幕府虽然可以通过荷兰商馆馆长每年提交的《荷兰风说书》大致了解世界形势，但直到幕末开户时，一般民众都像“被密封起来的木乃伊”一般，对世界一无所知。他们的世界视野变得狭窄，秉性变得消极，“岛国根性”也由此形成。虽说日本国内的产业得到了发展，但这些产业并未充分采用新的生产方式，商品流通也几乎限制在日本国内市场。虽然独特的城市文化有所兴起，但由于市民追求理性的精神思想被严重压制，因此这种文化中的颓废性也根深蒂固。同时，取而代之兴起的国民文化也停滞在了萌芽状态。

四、“庄屋仕立”的确立

幕府领地的增加与分配

闭关锁国之路同时也是幕府的全国统治之路。正如大阪之战被称为“元和偃武”，此时大规模反幕府战乱已被根绝，幕府对大名的统治也相应轻松起来。以战争为由消灭大名的案例已不再出现，取而代之的是一些大名因触犯《武家诸法度》或《末期养子禁令》（禁止临终前收养子的禁令）而被剥夺领地。截至1650年（庆安三年），因战争以外的原因被剥夺领地的大名达105家，约115万石，被减封的大名达16家，约31万石。幕府用没收来的庞大领地加封大名，以奖赏他们对将军的忠诚，或直接将其充作幕府领地。

以元禄时期大名的微小调整为界线，幕府领地此后达到饱和。如下表所示，幕末以前，郡代、代官所管辖的天领与幕府委托各藩管理的"预所"总量虽有所下降，但始终保持在500万石左右。如果以全国总石高约3 000万石来计算的话，那么幕府领地便占到总体的16%。如果再加上旗本领地，幕府领地便可达到700万石左右，占全国总石高23%以上。

	1732年（享保十七年）	1757年（宝历七年）	1838年（天宝九年）
幕府领地总额	451.48万石	442.09万石	419.20万石
大名预所总额	74.83万石	57.78万石	76.33万石
总计	526.31万石	499.87万石	495.53万石

从分布情况来看，文化初年，包括预所在内的幕府领地约500万石，其中关东地区102万石，近畿地区80万石，东海道地区76万石，北陆地区174万石，中国地区46万石，四国、九州地区22万石。除幕府直辖地关东地区、商品生产高度发展的近

畿地区、连接上方与关东的要地东海道地区分布较多外，大米产地北陆地区也占到幕府总领地的35%。这是因为，大米是赋税的主干部分，也是最大宗的商品，江户幕府对此极为重视。

而且，幕府领地遍布全国，用“犬牙交错”一词形容再恰当不过。这些领地在统治大名、神社、寺院方面起到了重要作用。一般来说，幕府领地的农民比私有领地的农民更有优越感，在诉讼中也占据更有利的地位。这也是幕府统治力量深入各个角落的表现。然而，幕藩体制崩溃阶段，幕府领地在全国各地犬牙交错的分布，反而成了幕府难以掌控农民的原因。比如早在享保年间，将军及以下幕阁首脑中，竟无一人知道能登地区还有一万四千余石的幕府领地，所有人都以为能登地区全都是加贺藩的领地。

幕府官制的完善

与充实物质基础并举的，是幕府对官僚机构的完善。江户幕府的政治结构被称为“庄屋仕立”（出自《文会杂记》），这种政治结构是对德川家康在三河担任大名时期的政治制度的完善。实际上，江户初期的大名也都采用了这种制度。可以说，这是军队组织结构原封不动地延伸至日常政务中的表现，军事编制中的“番组”也成了幕府政治机构的核心。德川家康、德川秀忠时期，老中、若年寄等相关官制尚未建立，充任德川家康侧近的是被称为“家老”“年寄”等自三河时期以来追随其左右的谱代大名和门阀代表。大久保忠邻、酒井忠世、土井利胜等人即是如此。特别是在德川家康时期，除上述谱代大名外，天海、崇传、林罗山等僧侣、学者，后藤、茶屋、长谷川等担任代官的豪商，甚至还有外国人三浦按针等形形色色的人组成了德川家康多元化的侧近势力。这种现象颇具战国时代的遗风。不过除谱代大名外，德川家康的身边还有像本多正信这种出身背景、人品秉性不明，从架鹰狩猎的差役一路发迹的人，他们的历史活动同样是值得关注的。此外，受到器重的还有伊奈忠次、大久保长安等担任大代官、国奉行的农政官僚，他们在财政、民政领域也都颇有建树。在官制分工尚不明确的阶段，为了获得将军的个人信任，近臣之间难免发生对立。本多正信与谱代大名大久保忠邻对立。本多正信抓住大久保长安（受大久保忠邻庇护）的把柄，致使大久保忠邻受到牵连被流放。该事件就是侧近之间勾心斗角的案例。

德川家康死后，谱代大名的势力逐渐增强。与此同时，老中、若年寄、大目付、目付、三奉行（寺院神社奉行、江户町奉行、负责会计业务的勘定奉行）等幕阁官制和职务内容也在1635年（宽永十二年）大致确立了下来。此时的幕府之所以在政务上实行每月交替轮值和合议制，就是为了像德川家康时期那样，防止部分近臣专权。但即便如此，大臣内部仍有对抗之势。比如，将军近侍、直接归将军管理的家臣，同时又兼任若年寄的小姓组番头（将军护卫队队长），与前代遗臣的谱代大名所掌控的老中集团形成对立之势。上述幕府官制的初步完善与同年进行的《武家诸法度》的修正和强化，以及《诸士法度》的颁布相辅相成，使将军在面对同门、家臣、大名时占据绝对优势。这表现在《武家诸法度》明确规定了大名参勤交代的日期、《诸士法度》限制了旗本对封地“知行所”内的农民的统治权等方面。几乎在同一时期，旗本、御家人对幕府承担的军役内容也确定下来。根据法令，旗本一共要出动六万兵力，加上御家人出动的一万七千兵力，则达到“旗本八万骑”。此时，幕府已经达到了四十个大名联手才能与之抗衡的地步。

宽文年间，幕府官僚组织中的身份等级秩序确立，亲藩[48]、谱代、外样等各大名的门第也固定了下来。与此同时，官员的职位、权限进一步细化，谱代大名中的部分门阀子弟也因此垄断了幕府的政权要津。独掌朝政、有“下马将军”[49]之名的大老酒井忠清即是如此。不过，由于这一倾向威胁到了将军权威，因此至天和、元禄年间，为加强将军专制体制，幕府从侧近的年轻家臣中选拔侧用人，并以侧用人为中心逐渐完善封建官僚制度，谱代大名的势力也因此暂时被压制下去。

除上述措施外，幕府对全国商品流通的统治权也是其成功统治全国的一项举措。闭关锁国后，日本国内的商品流通得到发展。自德川家康以来，大阪便承担着江户的巨大消费，这也是德川家康的军事考虑。基于该政策，幕府推动以直辖城市大阪为中心的市场圈的形成，并在这些直辖城市的新兴商人中组建垄断组织，通过这些组织来掌控物资的供给需求和价格。1667年（宽文七年），禁止各藩银币流通的法令一经颁布，各藩的经济独立性便被彻底斩断。该法令甚至还强制覆盖全国市场，从这一层面来说，各藩也必须从属于幕府的统治。

上述一系列基本政策的巧妙实施，构建起了江户幕府稳如磐石的统治地位。毋庸赘言，这些措施均是对织丰政权措施的原则性继承。由于德川政权的根据地关东地区农业生产落后，商品经济滞后，因此这使江户幕府的权力结构具有相当的“反动性”，这是不争的事实。但与此同时，这一点也造就了幕府长期执政的可能性。可以说，江户幕府的建立在本质上是对日本自战国时期以来分权的封建制度的统一，是封建王权的确立。不过，这个封建王权的框架中依然残留着日本古代的遗制。

第二章　大名和浪人

《东海道五十三次之内庄野图》，安藤广重

一、藩制的确立

藩权的强化

幕府颁布的《庆安御触书》中写道："地头宜变更，百姓应以名田（以所有者命名的田地）为依靠直至末代。"伊势藤堂藩初期法令中也规定"殿样（将军）乃今之御国主，田地乃公仪（公家）之田地。"(《宗国史》)这里指出两点非常重要的内容。第一，幕府通过改封，将此前直接统治土地和农民的大名权力纳入将军的全国统治权中，大名只是从将军手中分得土地，征收年贡而已。第二，本百姓之于土地上的权利在检地中大大加强。这一措施也使得兵农分离最终得以完成。与西欧封建社会的王权相比，江户幕府将军的权力要大得多。该权力正是基于封建土地所有制的变化而确立的。

正如将军之于大名拥有强大权力一般，大名之于家臣集团同样拥有极强的权力。大名首先限制家臣对知行地的统治权，进而没收其知行地，为其发放藏米作为俸禄，以此控制家臣集团。该政策与通过检地使年贡负担人本百姓独立的政策并行，在17世纪下半叶左右完成。这些政策也最终促成了诸藩体制的确立。

领有北陆稻米产地的加贺藩通过宽永年间（1624—1643）至明历三年（1657）实施的“改作法”，以及元禄年间（1688—1703）的“切高仕法”两个阶段，最终建立了藩政体制。为此，相当于其他地方的大庄屋、大肝煎的“十村”[50]被置于藩的郡奉行的直属管辖之下，统治各村肝煎的农村统治机构得到完善，拥有知行地的家臣对农民的统治权逐渐受到限制。此外，藩还官方厘定此前由知行主随意制定的年贡率，将诸多课役改为缴纳银钱。这一措施也是为了利用农民的反抗来抑制家臣的知行权。其中，将课役由劳役改为缴纳银钱的举措背后隐藏着加贺藩的真实意图，即尽快开发领地内的银山，发行银币，在不损害农民自给自足式经营的范围内，发展领地内的商品经济。同时，在各地建设新町的目的也在于此。这样一来，富农变卖余粮变得更加容易，米价也随之下跌，原本靠在当地贩卖知行地年贡米生活的家臣逐渐难以为继。

在此前提下实施的改作法的要点在于，将此前每个知行地各不相同的年贡率以村为单位进行平均，不再进行检地，而是直接上调石高或年贡率，以此来确定村子的收获量“村高”。这种做法被称为“手上免”或“手上高”。改作法设想的农民经营规模在二十石以上，因此在这一阶段经营规模尚处在二十石以下的小农自立问题并未受到关注。随着改作法的实施，家臣的知行权也被完全否定，藏米制由此确立。《理尘集》将当时的情况描述为“御改作后，御国（本国）之侍（指旗本武士）不见百姓，百姓不再为给人（有知行地的武士）之仆人。侍不知田地之事，与他国之侍不同，知行权竟仅限于左述之事。”

在改作法全面实施阶段，由于财政拮据，藩国对商业的关注度也随之提高。1638 年（宽永十五年），藏米开始运往大阪。元禄时期，上述措施带来的货币收入已占到藩收入的六到七成。这样一来，藩的经济完全被纳入全国市场之中。

基于改作法的贡租增收政策与领地内的商品经济相互作用，使二十石以上的本百姓经营发生分化，出现众多没有土地的“头振”和佃耕田地的“下百姓”。有些农民无力缴纳年贡，藩便减少其土地，将这一部分土地（称“切高”）分给头振和下百姓，使其升格为有土地的本百姓。这就是“切高仕法”。这样一来，加贺藩便在建立小农经营模式的基础上，确立了藩制的基础。

否定知行权

在上述背景下，不仅限于加贺藩，其他藩也开始从知行制转变为藏米制。表面上，该转变是在藩的主观意志下进行的，但实际上，该转变很大程度上是小农争取独立，摆脱自古以来家臣、豪族阶层作为知行取（以知行地年贡为俸禄的人）的统治的结果。比如，信州诹访藩于1675年（延宝三年）废除知行制，理由是知行地领主的频繁催租使农民不堪其扰。

1677年（延宝五年），仙台藩东磐井郡松川村发生的“直诉”（农民越级上诉）事件正体现了这一点。藩的高级家臣猪苗代盛次的知行地松川村的五个农民断然向藩主纲村直诉，要求将自己的土地编入藩的直辖地。直诉的原因是猪苗代盛次无视公仪禁令，随意出售村里的山林，在征收年贡和各项徭役方面无视法度，阻拦新建堰堤，霸占农民土地，随意驱使、杀害为生活所迫而乞讨的农民十余年。农民一方推举检断（大庄屋）、肝煎等村吏为代表，四十五名农民联名签署了请愿书。结果，编入藩直辖地的要求虽然没有被采纳，但猪苗代盛次被改封到其他知行地，原领地由数名知行取分领，一名领主随意统治领地的可能性被彻底根绝。

另外，有些藩从知行制转变为藏米制，也是希望像藤堂藩一样，以此机会打破财政困境。各藩这样做的目的是为了扩大直辖地，将更多的年贡米输入中央市场，增加货币收入。然而，小农希望成为独立经营者，藩却希望直接统治这些年贡负担人。如果二者不能达成一致，从知行制到藏米制的转变便不可能完成。

1690年（元禄三年），保留知行制的藩仅占整体的17%。在谱代大名中，废除知行制的倾向最为明显，其原因有两点：其一，谱代大名的领地多为小藩，这些地区发展程度较高，当地农民不断地从知行制中解放出来。其二，谱代大名改封频繁。与此相对，在边疆地区外样大名领有的大藩中，知行制残留现象较为严重。这是因为，这些地区鲜有改封，发展较为落后，而且针对地方豪族出身的家臣的治理和整顿也不够彻底。这些地区即便保留了知行制，也很少有藩能像原来那样对土地和农民进行彻底的统治。不过，将农民耕种权的阻碍——家臣的知行权收入藩的手中又绝非易事。日本东北地区的许多藩直到江户后期藩政改革时，才真正解决这一难题。

与否定家臣集团知行制同等重要的是对家臣集团的重组，这同样是加强藩主权力必不可少的举措。一般来说，在战国大名或当地领主自然转变为近世大名的边疆藩国，以藩主为中心、自古既有的同门集团仍然保持着强大的势力。在这些地区，藩主由同门轮流担任，防止某一任藩主树立绝对权威。另外，藩主的同门对外姓家臣集团也保持着绝对优势，垄断藩政实权，具有强烈的保守倾向。

肥前大村藩虽然也不例外，但1607年（庆长十二年），该藩爆发“驱逐藩主同门”事件，藩主的同门被赶下台，推动这一事件的当地豪族被藩主任用为新的家臣，占据家老、城代等要职，主持藩政。藩主同门势力的衰落使藩主长子单独继承制确立了下来。从这个意义上来说，藩主的权力得到了极大的加强。

江户初期的藩政改革

藩政确立过程中遇到了上述诸多问题，江户初期的藩政改革就将重点放在了这些难题上。江户幕府的目的是使小农自立，保障产量和地租收入，稳定藩的财政。藩政改革初期出现了不少“明君”，他们在藩政确立时期直面难题，取得了一定的政绩，为人所称道。会津藩主保科正之、冈山藩主池田光政、水户藩主德川光圀等人都有“明君”之称。他们在治理藩国时有共通的地方，即与幕府的文治政治相协调，大力引入儒学来教化民众。他们这样做的目的是给上至家臣、下至农民百姓的身份等级秩序赋予理论依据。

保科正之是将军德川秀忠之子，德川家光的异母弟。他不但在 1643 年（宽永二十年）至 1669 年（宽文九年）的二十六年间奠定了近世会津藩的基础，还在晚年辅佐第四代将军德川家纲，加强幕府权力。在藩政方面，保科正之首先将知行制改为藏米制，以接受平均俸禄、身份低微的藩士为中心，建立起新型家臣集团等级秩序。在土地方面，保科正之对领地进行总检地，推行土地制度改革，对贡租赋课的单位村高作出明确规定，减免小农赋税约两万石，使小农有条件自主经营。即便如此，保科正之通过新田的开垦、垄断蜡和油漆的销售市场、制定多项附加税等措施，依然能够保持藩国财政的收支平衡。此外，保科正之还设置社仓，多积稻谷以备饥馑，防止百姓因生活贫困杀掉初生的婴儿。在保科正之采取的措施中，受儒学影响深刻的有禁止殉葬、表彰孝子和节妇、移风易俗、整顿供奉邪神的神社和寺庙等等。保科正之虽然一开始信奉朱子学，但到了晚年，他开始沉迷神道，任用吉川惟足、山崎闇斋等人，思想逐渐偏狭，竟成了将倡导古学的山鹿素行流放赤穗的主要推手。

冈山藩主池田光政起初也任用阳明学派学者熊泽蕃山，开设藩校闲谷学校的前身花畠道场，为藩政的确立奠定思想基础。水户藩主德川光圀的治藩措施更加大刀阔斧。德川光圀虽为德川赖房三子，但他越过长兄德川赖重继承家督之位。对此，德川光圀颇为苦恼。他效仿《史记》中的伯夷和叔齐，将赖重之子收为养子。从这一点也能看出德川光圀对朱子学的倾心。在政治方面，除殖产兴业政策外，德川光圀还与保科正之一样，拆毁领地内供奉邪神的寺庙、神社，命令僧侣还俗，支给患疾、残疾、贫困、年过八十的老人杂粮，并将这些措施作为制度确立下来。特别值得一提的是，德川光圀在凑川为楠木正成[51]树立墓碑，题字“呜呼忠臣楠子之墓”。退隐后，德川光圀仍巡视领地，致力于对孝子、节妇的表彰。德川光圀的最大功绩莫过于他开启了《大日本史》的编纂工作。为此，他设立彰考馆，广招安积澹泊、栗山潜锋、三宅观澜等杰出学者为史官，从各藩收集文书和记录，力求通过忠于史实的叙述，阐明儒家的大义名分。德川光圀虽以日本南朝为正统写下“三大特笔”[52]，但他并非反对幕府，他的真正目的是从观念上将幕藩体制确立过程中出现的新型身份等级制度合理化。

后世讲谈[53]艺人以德川光圀隐居后的奇闻逸事为素材，写成《黄门漫游记》。隐居后，德川光圀曾巡视领地，派遣彰考馆史官佐佐宗淳（通称“介三郎”）和藩士渥美格之进前往各国收集文书、记录。书中的小助和小格便是以二人为原型的。不过，《黄门漫游记》受人喜爱的真正原因在于，它给予当时苦于苛政的民众一线希望，满足了民众对救世主的幻想，为民众对于封建制度近乎扭曲的心理抗争提供了莫大的支持。

江户初期的“御家骚动”

幕藩体制的确立给农村、城市、幕府和各藩政治机构、家臣集团的编制等各方面带来重大改变。因此，统治阶级内部或多或少都会出现新旧势力的对抗。被实录物[54]、绘草纸[55]、讲谈、歌舞伎等文艺作品广泛取材的大名“御家骚动”事件，很大一部分就是新旧两股势力的对立由暗到明的产物。

江户初期的御家骚动有“伊达骚动”“越后骚动”“黑田骚

动”“锅岛骚动”等等。与江户后期御家骚动不同的是，此时江户幕府会强势介入，加剧藩内部的对立。

1632年（宽永九年）被剥夺领地的肥后熊本藩主、加藤清正之子加藤忠广就是最好的例子。加藤忠广藩内四名家老和两名奉行结为一派，与一名家老形成对立。同时，家臣中又分为“牛方”和“马方”两股势力。幕府以大阪之战时牛方勾结大阪方面为由，对其进行了处罚。藩主加藤忠广也被冠以处置不力之名剥夺领地，流放出羽国庄内地区。有观点认为，江户幕府为了加强专制统治，故意利用大名的御家骚动打压藩国，越后骚动即是如此，仙台藩与黑田藩也险些被削藩。骚动发生的另外一个原因是，当时藩主权力尚未巩固，藩主世袭制还未形成，藩主无力控制同门的藩政斗争。如上所述，肥前大村藩通过“驱逐藩主同门”运动，早早将藩主同门势力驱逐出藩政，藩主以本地豪族为家臣巩固侧近，加强藩主权力，避免走向御家骚动的境地。然而，该措施放在仙台藩未必能够取得理想的结果。

在日本东北地区，仙台藩是颇具实力的大藩，而且从未经历改封。为了夯实藩政基础，第一代藩主伊达政宗与第二代藩主伊达忠宗付出了艰辛的努力。为了确立藩主长子单独继承制，藩主对同门、同家中占据最高席位的一族进行了打压，并从身边的“小姓”（处理主君杂务之人）、城下町的商人中选拔人才，命其参与藩政。但是，藩主在这一阶段还不能完全控制同族的介入，此时的藩主之子或兄弟，仍然是受同门、同家的推举和拥戴，才继承藩主地位的。江户幕府以第三代藩主伊达纲宗品行不端为由，命其闭门思过。1660 年（万治三年），年仅 2 岁的伊达纲村继任藩主后，藩国内部开始出现内讧的苗头。藩主年幼，同门的伊达兵部宗胜、田村右京宗良受命辅佐藩政。伊达兵部宗胜倚仗自己是伊达政宗之子，自己的儿子又是江户幕府大老酒井忠清的女婿，因此仗势欺人，在藩内屡屡引起纷争。在同为一门的伊达安艺宗重与伊达式部宗伦的领地边界纷争中，伊达兵部宗胜没能做出公平裁断，因此安艺方面将伊达兵部宗胜及其心腹家老原田甲斐宗辅的失政诉诸幕府。1671 年（宽文十一年）3 月，审问在酒井忠清官邸举行，伊达兵部宗胜一方最终败诉。随后，原田甲斐因丑事败露恼羞成怒，斩杀伊达安艺宗重，自己也被酒井忠清家臣讨灭。最终，伊达兵部宗胜父子被流放，同一级别的田村右京宗良也被处以闭门思过。

此事件可见于幕府实录《德川实纪》中。此外，很多关于御家骚动的歌舞伎脚本也是以该实录的梗概为素材写成的。如《伽罗先代荻》等一系列脚本，就是在《德川实纪》的大体情节基础上，进行润色所得的。在这些脚本中，原田甲斐是与伊达兵部宗胜共谋霸占仙台藩的大恶人，而伊达安艺宗重则是以死效忠仙台藩，阻止阴谋的大忠臣。这也是广为流传的普遍说法。但是有见解认为，与藩主同门的伊达安艺宗重实际上野心勃勃，想趁主年幼，利用政治斗争把持藩政。反而是祖祖辈辈担任藩主直属家臣的原田甲斐，才是一心想要加强藩主权力的改革派。笔者也认为这一见解更接近历史真相。总之在这一事件中，藩主伊达纲村的权力反而得到加强，出身卑贱却受到提拔、最终成为白石城主的片仓景纲辅佐藩政，为藩政的确立开辟了道路。另外，御家骚动还与藩政确立时期的矛盾之一——藩国财政窘困紧密相连。怎样解决该难题是当时藩政改革的重心。因此在戏剧、讲谈中，以奸臣贼子形象出现的很多人物，反而是现实中更为进步的财政家。越后骚动中的恶人原型小栗美作便是其一。

在高田藩主松平光长的继承人问题上，主张拥立小栗美作之子的首席家老小栗一派，与同为家老的荻田主马、永见大藏一派形成对立。荻田主马等人称己派是为藩主效力的“御为方”，攻击小栗一派是图谋霸占藩国的“逆意方”，小栗美作也因此背上了骂名。虽然幕府大老酒井忠清做出了对小栗一派有利的裁决，但德川纲吉出任将军后，由于他对酒井忠清颇为反感，因此于 1681 年（天和元年）主动重审此案，命令小栗父子剖腹自杀，流放荻田主马等人，没收高田藩领地。之后不久，一个名叫潮音的僧侣因为以越后骚动为蓝本写成《越后记》而被流放孤岛，这本书也被认定为禁书。在此书中，小栗美作才是藩主的“御为方”。

小栗美作在藩主松平光长门下时，曾致力于高田藩政的确立，并取得了巨大的成果。他在各村肝煎之上设立大肝煎，建立统一的农村统治机构，直接与藩国的郡奉行相协调。与此同时，他还将知行制转换为藏米制，而这也是激起保守派藩国上级武士不满的原因之一。另外，由于江户初期的本百姓——“役家”出现分化，因此小栗美作重新分配土地，将收获量在一石至一石二斗以下的小农称为“名子”，让这一部分人同样承担课役，同时又将课役改为缴纳银两。这一措施的目的是让小农承担地租和课役，赋予他们独立自主的机会，以此加强藩国对农村的统治。除此之外，小栗美作还开拓颈城平原，开发鱼沼郡多处银山，铸造银币，掌控和垄断商品流通，开辟东、西回航航路，聘请著名土木工程专家河村瑞贤在技术上指导领地内的开发工作。在小栗美作的努力下，藩国的财政窘困终于打开了局面，藩的实际石高要比幕府规定的二十六万石高出十万石。显然，小栗美作的政治立场是倾向确立藩制、强化藩主权力的。

二、浪人和倾奇者

浪人人数的剧增

幕藩体制建立过程中产生了严重的社会矛盾，其中之一便是浪人问题。浪人是指失去主君、知行或俸禄，从封建主仆关系中脱离出来的武士。浪人产生的根本原因是兵农分离政策的实行。将无主、无地耕种的武士赶出农村，这便是太阁检地的目的。不过，战争、大名改封、改易[56]、减封等因素也与浪人问题存在很大的直接联系。但即便如此，在战争频仍、武士与出生地保持紧密联系的阶段，浪人问题实际上并不突出。

然而在关原之战以后，大名大规模人事异动产生的浪人总数达 50 万人之多。其中既有被称为“小西浪人”“天草浪人”等为数众多的天主教浪人，也有不少“关原浪人”“大阪浪人”等在战争中失去生计的武士。

但是，在军事持续紧张之际，浪人还是有很多机会可以自由选择主子。各藩在重组家臣集团时，也会大量雇佣精于武艺和数算的浪人。另外，有很多浪人在参加关原之战后，深感“此次一战多悲愁，为何生在武士家，若在町人百姓处，怎会为此鸣不平”(《雨窗闲话》)，从而弃武归农。

这种情况不仅限于关原浪人。很多浪人或留在原来的知行地，或逃亡、藏匿于他国，建立村庄，当上乡士或名主、庄屋等村吏，或经商、出家、开设道场、在私塾中教书等等。甚至当幕府、各藩采用儒学为文教政策后，有不少浪人，如熊泽蕃山、新井白石等还被聘为儒臣。

但另一方面，也有武士不肯放弃武家之野心，幻想有朝一日能以战功成为一国、一城之诸侯。大阪之战时，许多浪人高呼“有名浪人此回能剩几人？”(《山本日记》)的口号，争相加入丰臣氏一方。但事实上，加入幕府方面的浪人要更多。这是因为，跟随强者对自己更为有利。不过，虽说同为浪人，但对幕府来说，虔信基督、不畏强权的天主教浪人才是最大的威胁。在大阪之战和岛原之乱时，幕府已经深刻领悟到了这一点。

1623年（元和九年），幕府在有“浪人巢穴”之名的京都大规模强行驱逐浪人。1632年（宽永九年）及1635年（宽永十二年），幕府通过《武家诸法度》禁止浪人仕官，紧接着又在全国推行浪人登记制，加强对浪人的管理。浪人甚至被禁止在寺庙和武士宅邸寄宿。幕府还在城市下发“町触”（针对町的布告），在农村制定五人组帐前书[57]，反复告诫百姓不要留宿外来的可疑人物。各藩也效仿幕府，加强对浪人的管理，限制浪人的雇用。

上述措施虽然包含了搜捕天主教浪人的目的，但根本上是为了淘汰游离在士农工商身份等级制度之外的危险分子。这样一来，生活困窘、承受来自幕府的高压，且仍有希望重振武门的浪人之间，自然会弥漫着一种蠢蠢欲动的危险气息。而且，浪人问题还与后文要讲的旗本的普遍贫困问题紧密相连，使得这一难题愈发棘手。与此同时，幕府内部还在这一问题上分为软硬两派，难以达成一致。

1651年（庆安四年），将军德川家光去世，年仅11岁的德川家纲继任。就在朝廷下旨任命德川家纲的前不久，三河苅谷藩主松平定政突然向幕府提交意见书，称自己会将领地、马具、武器悉数上交，请求幕府将其分发给窘迫的旗本，并将幕府储存的金银也分发下去。之后，松平定政剃度出家，托钵于江户城内。

然而，不知所措的幕府只是将松平定政视为狂人，草草处理了此事。实际上，老中酒井忠盛等人不以有效措施挽救困窘的旗本，仅以节俭、奖励武士习武的消极方法平息事态。松平定政这样做的目的，就是为了挑战这种保守的方针，获得与旗本一样因幕府的大名统治方针而财政困窘的诸大名的共鸣。由井正雪的“庆安事件”就是在这种政情不安的背景下发生的。*

* 庆安事件，主角为由井正雪，生平不详。据说他出生在骏河由井地区的一家染坊内，后来到江户教授楠木正成流派兵法，大名、旗本中受其教诲者不在少数。在通缉令中，由井正雪被描画成皮肤白皙，目光如炬，不剃月代（日本古代成年男子的发型）的不俗形象。新井白石曾与由井正雪门下的一位老人进行过交谈，并评价由井正雪是“万里挑一的豪杰”(《白石先生手简》)。据传由井正雪曾阴谋颠覆江户幕府，详情如下：由井正雪盗用御三家之一的纪伊藩主德川赖宣的名义，召集浪人，命心腹、十字枪高手丸桥忠弥趁狂风之夜，于幕府火药库放火烧毁江户城，斩杀慌乱之中登城查看的老中，夺取江户城。与此同时，由井正雪本人在骏府举事，控制久能山，夺取德川家康留下的金银财宝，充作军费，与上方有志之士共举反旗，号令天下。不过，由井正雪有一门人名叫奥村八右卫门，他同时又是老中松平信纲的家臣。奥村八右卫门将此事密告给幕府，致使计划提前败露。最终，丸桥忠弥在江户被捕，由井正雪在骏府被捕吏团团包围后，临危不惧，从容自决。传言由井正雪自决前留下的遗书写道：“吾无意推翻幕府，然幕府制法无道，上下困窘，吾辈忍无可忍，欲流放暴政元凶老中酒井忠盛等人，重树幕政，救万民于困

窘。”笔者认为，如果这是事实的话，那么由井正雪颠覆幕府的阴谋论不过是幕府面对危机时的对外宣传，或后世的捏造罢了。

说庆安事件有三千志士参与略显夸张，但不管怎么说，庆安事件以浪人为主体，上至旗本、藩士，下至富农、僧侣均有参与却是不争的事实。因此完全可以说庆安事件代表了广泛阶层的不满。

翌年的1652年（承应元年），又有一桩浪人企图造反的事件暴露。浪人户次庄左卫门等人计划趁增上寺举行德川秀忠夫人的法事时，于城中放火，趁乱暗杀老中，抢夺金银财宝。幕府因此神经过度紧张，甚至五年后发生明历大火[58]时，老中们仍惊恐道：“放火者必是乱臣贼子。”提议将军出江户城避难，紧急讨论是否要将归乡的大名全部召回江户。

这一系列事件虽然只是幕府集权政治体制确立过程中的插曲，但它们至少让幕府将武断的政策方针转向了文治教化主义。

庆安事件发生后的第二个月，老中酒井忠盛主张驱逐江户浪人，但由于同为老中的阿部忠秋反对，该提议最终搁浅。与此同时，大名被废除的主要原因之一——《末期养子禁令》也在这一时期得到缓和，50岁以下的大名被允许收养子。幕府同时还放宽了浪人的寄宿限制，幕府官员也在积极帮助浪人谋得生计。江户町奉行石谷贞清在其任职的十一年间，积极斡旋千名浪人到各家任职，这段逸事便是这一时期的典型案例。在采取上述措施的同时，由于幕府减少了废除大名的次数（浪人产生的根源），江户初期的浪人问题也在一定程度上得到了解决。然而，令幕府头疼的不只浪人这一个难题。

倾奇者横行

正保、庆安年间（1644—1651），江户流行这样一首打油诗："深夜行者为何人？若非加贺爪甲斐即是盗贼，抑或坂部三十。"被江户市民视为夜盗的加贺爪甲斐守和坂部三十郎实际上都是显贵的大旗本，俸禄分别为一万石和五千石，同时他们又是旗本奴[59]的头领。旗本奴集团中有大小神祇组、白柄组、六法组等。大小神祇组的头领是著名的水野十郎左卫门。他们身着天鹅绒领子的衣服，结着奇怪的发髻，以不同寻常的打扮吸引众人的目光。当时的人们将奇怪、不同常人的样子称为"倾"，因此这群人便得名"倾奇者"（Kabukimono）。其中，六法组成员不剃月代，蓄留长发，大小两刀横插腰间，摆动着双臂横行在大路中间，因走六方步[60]得名"六法组"（日语中"六方"与"六法"同音）。

与旗本奴相抗衡的是町奴[61]，其头目是日本人耳熟能详的幡随院长兵卫、梦野市郎兵卫、唐犬权兵卫等人。要说他们有什么像样的生计？那便是向各个府邸介绍奉公人，以此收取介绍费。本质上，他们与旗本奴并无二致，都是为了试刀或谋财而杀人、恐吓、敲诈，钱一旦到手便前往丹前澡堂（因有大量美女服务员而闻名），与私娼厮混，或沉溺于男色的游侠无赖之徒。旗本奴中旗本、御家人居多，浪人也在其中。而町奴中则以幡随院长兵卫等浪人为主。因此，这些人的动向与当时的浪人问题有着密切的关系。

早在庆长年间（1596—1614），倾奇者便引起了幕府的注意。1612年（庆长十七年），幕府大番头[62]芝山正次手刃小姓家臣。结果，小姓家臣的同党纠集起来杀害芝山正次后逃散。幕府逮捕、审讯小姓同党后方才得知，这样的党徒已遍布各地。幕府在城中设置关卡，逮捕、处刑倾奇者三百人，其首领有大鸟居逸平、大风岚之助等人。据说，这些人纠集同党时，会签下血状发誓，如果同伴中有人遇灾祸，即便君父，若违理背道，则必定舍身取义、一同复仇。可见，他们的思想观念与“君父之权力者，亦要遵守‘天道’‘道理’。若违背道理，君父亦不宽恕”的日本战国时期“下克上”的思想是一脉相承的。说起来，幕府也认为倾奇者“并不等同于抢劫越货的盗贼”(《德川实纪》)。入伙时，新成员需要找关系、四处花钱打点。如果被父母或兄弟姐妹赶出家门，成员可以在组织内受他人供养。他们不行非道，只是争强好胜。掌握权力的上层，即幕府、藩国领主想以“献身精神”等道德手段控制倾奇者的行动，可下层倾奇者却以日本战国时期的伦理道德为依据与之抗争。也正因如此，这类党徒之间自然会产生所谓的侠者之气。

他们故意身着奇装异服，引人注目，挑战已经渗透到风俗层面的幕府权力。他们以团伙为单位，为试刀或谋财而杀人、打架斗殴、恐吓、敲诈，并以之为常态。他们这样做，同时也是为了扰乱幕府努力构建起来的幕藩体制秩序。从这个意义上来讲，幕府必须全力镇压倾奇者。1628 年（宽永六年），为了取缔为试刀或谋财而在路上杀人的行为，幕府在江户城中设置岗哨所，频繁逮捕倾奇者。也是在这一时期，旗本奴中颇有势力的山中源左卫门被命切腹自尽，町奴的首领之一梦野市郎兵卫被捕，并被处以死刑。此时的町人就连乘轿、配长腰刀也是被禁止的，甚至头戴粗绳斗笠，或用手卷捂着脸走路也会被逮捕。由于集会必定发生

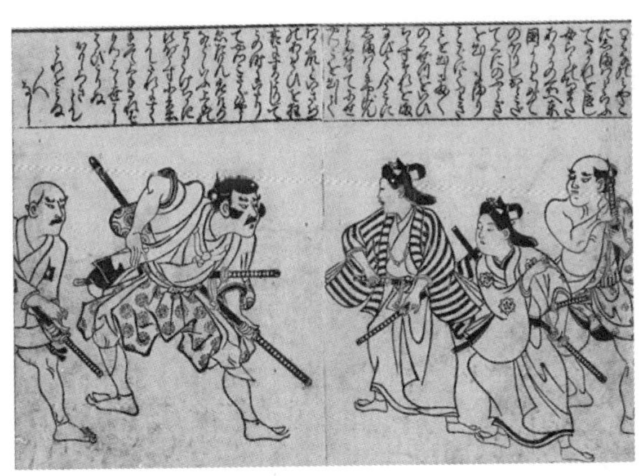

旗本奴打架斗殴，浮世绘

旗本奴与少年找茬儿打架。

打斗，幕府因此禁止了当时江户正流行的放风筝、跳风流舞[63]等活动。此后，禁止男色的法令还在1653年（承应二年）上升到了禁止男性少年表演歌舞伎的程度。始于初代市川团十郎的“荒事”[64]就是受倾奇者风俗的启发而创作出来的。

随着幕藩体制的建立以及幕府的取缔，原本让幕府头疼的倾奇者横行现象逐渐消弭。同时，渐渐走投无路的倾奇者也在道德上愈发颓废，就像上文那首打油诗所唱的，他们的无赖行径越来越多。1656年（明历三年），在品川娼寮扰乱秩序的御家人永盐七郎左卫门等旗本奴全部被处死。翌年的1657年7月，幡随院长兵卫想强行将水野十郎左卫门带去妓院，却反被水野十郎左卫门杀害。又翌年，幕府以水野十郎左卫门品行不端为由，命其切腹自尽。经过一系列的镇压，旗本奴、町奴没有了嚣张的气焰，至第五代将军德川纲吉即位时，大规模的倾奇者追捕行动使倾奇者完全不见踪影。*

* 在《元正间记》等书中，水野十郎左卫门将幡随院长兵卫灌醉后杀害。而河竹默阿弥对这些情节进行了润色，在《极付幡随院长兵卫》一书中将其改写为水野十郎左卫门在澡堂中杀害了幡随院长兵卫。

上述事件的确证明了旗本奴与町奴尖锐的矛盾。与其说这是武士和町人的阶级对立，不如说这是倾奇者之间的势力纷争。需要说明的是，民众将对抗旗本奴的町奴视为己方英雄，此事与历史事实并没有多大关系。

倾奇者产生的原因

虽说支撑旗本奴、町奴的是儒教以外的日本古老伦理观——“意地”[65]和“一分”[66]，但让他们将这种观念付诸行动的原因另有所在。其一是旗本、御家人的穷困。其二是幕府对浪人的残酷镇压。早在宽永初年，旗本、御家人的生活便已经开始拮据。宽永年间的大饥荒导致的知行所荒废更是加速了旗本、御家人的贫困。德川家光不但将德川家康、德川秀忠留下的巨额财产分给谱代大名和旗本，免除他们的借款，继续发放贷款，还将藏米制改回原来的知行制。然而在严重的大饥荒下，这些措施未能起到任何作用。知行所的歉收使得知行取收入锐减，幕府因此下发稻种，批准知行取如果有农业督导等需要，可以在获得番头或“组头”（名主的助手）的许可后前往知行所。除此之外，幕府还三令五申要求旗本、御家人勤俭节约。然而，即便幕府屡屡施以救济，但旗本、御家人的贫困问题丝毫没有改善。1643年（宽永二十年），百思不解的幕府要求各地做出书面说明。

明历大火后，旗本和御家人的贫困状况不断加剧。为了渡过难关，许多人开始收养子，条件是带上孝敬养父的钱。很多低级武士还会开展副业或经商做买卖。虽然幕府于1665年（宽文五年）开始向大番头及以下官吏发放勤务津贴，但这些官吏的生活状况并没有好转。究其原因，虽然领主会给予临时救济，但从整体来看，由于知行权的限制和藏米制的确立，封建家臣集团的收入呈固定且减少趋势。而另一方面，城市生活支出不断增加，收支差距越来越大。可以说，幕府和藩国在强化权力的过程中，不仅牺牲了农民的利益，还牺牲了封建家臣集团的生活。倾奇者之所以反抗，更深层的原因就在于此。

第三章　儒学和武士道

歌舞伎演员市川男女藏，东洲斋写乐

一、儒学的独立

采用朱子学

从世界史的发展阶段来看，幕藩体制的建立意味着经过几个世纪发展起来的日本封建制度首次确立。因此，支撑日本封建制度的世界观和日常生活中的道德伦理需要一个新的包装。此时，日本已经有了佛教、神道等思想体系。但是，能够从思想上强有力地支撑幕藩体制社会结构的，只有儒家思想中的名分论和五伦五常等伦理道德。这是因为，幕藩体制社会结构的基本框架是以将军和大名为顶点的极为细分化的家臣集团身份结构，以及武士对农、工、商三个阶层的绝对优越地位和权威。在日本，儒学长期以来从属于佛教，不过是贵族和僧侣满足兴趣、提升教养的训诂学和诗文学。而今，儒学作为政治之学和实用之学从佛教中独立出来。

为了加强封建统治，不但战国大名以及织田信长、丰臣秀吉的统一政权已经出现了利用儒学的苗头，以重振武家政治为己任的德川家康更是重视儒家思想。德川家康曾说，自己虽然在马背上打天下，但要文治天下。早在大名时期，德川家康就聘请藤原惺窝为其讲义。关原之战后，德川家康下令刊行《吾妻镜》《贞观政要》《论语》《武经七书》等中日古典书籍，在伏见开设学校。德川家康这样做，是为了通过儒家思想来强调江户幕府政权的正当性。

虽说儒学已经独立出来，但封建统治者需要的是宋学，尤其是朱子学，而非自古以来贵族、僧侣之间相互传阅、出自汉唐学者之手的训诂学。这是因为就教学体系而言，朱子学是儒学各派中最为完善的一派。儒者一旦从僧侣身份中独立出来，儒学也自然会独立出来。藤原惺窝为禅僧出身，有隐者风范。门人林罗山同出僧门，其学说颇具攻击性，符合幕府初创时期的政治需要。1607年（庆长十二年），林罗山成为幕府政治顾问。据说他精力充沛，积极参与幕政，幕府公文无不经过他手。他编纂的《本朝编年录》从历史角度肯定了江户幕府的成立，其子林鹅峰也继承父业，编纂《本朝通鉴》。林罗山作为御用学者的政治立场就体现在了这两本书上。此外，林罗山还确立了朱子学的特权地位，以及林家在学界的领导权。

朱子学在幕府建设时期肩负的最大使命，是摆脱日本中世的世界观。“天道”“天命”等充满革命性的思想是日本战国时期以来“下克上”思想的来源，也是近世之后倾奇者的指导思想。因此，朱子学首先要做的，是将“天道”“天命”与朱子学中客观的“理”相结合，使“天道”“天命”发生脱胎换骨的转变。藤原惺窝曾就“下克上”的社会现象慨叹道：“数十年间，千怪百变，世道刻薄，乱逆无纪。弑父者比比皆是，虽施及达官贵介，人亦以为常而不言……世道臻此，风俗极此，悲哉。”（《惺窝文集》）正是出于这个原因，幕府必须将“天道”思想中的行动性纳入伦理道德的框架之内。与此同时，幕府还强行将战国武士的另一个道德价值观——“献身精神”与儒家道德观念结合起来。

朱子学的另一个使命是同佛教的现世人伦否定观作斗争。藤原惺窝和林罗山离开佛门的原因也在于此。相国寺僧人承兑曾诘问藤原惺窝为何舍弃佛门、投身儒家，藤原惺窝反驳道：“人伦皆真……圣人为何抛弃人间世。”（《惺窝先生行状》）以此攻击佛教脱离俗世的一面。至林罗山一辈，他还引用苏我马子大逆不道等历史事件对佛教进行猛烈批判。自织丰政权以来，官方就对自古实力雄厚的寺院采取镇压政策，而这也是儒者提出排佛论的背后原因之一。不仅限于佛教，他们还将批判的矛头指向主张自然无为的老庄思想。至于神道思想，他们继承日本南北朝时期以来的神儒一致论，将神道视为日常生活中的伦理规范而非宗教。在这种神道观的基础上，此前一直与佛教紧密相连的神道经过儒家思想的洗礼后完成重组，形成林罗山的理当心地神道、山崎闇斋的垂加神道、吉川惟足的吉川神道等流派。特别是山崎闇斋的垂加神道，它集儒教、神道之大成，非理性的宗教特质较强，强调主君的神圣性，视灭私奉公为绝对。

然而，当时德川家康身边还有天海、崇传等颇具影响力的僧侣，藤原惺窝、林罗山等儒者不能无视这个现实。藤原惺窝指出，说到底，佛教也是“为了治国安民……佛教的存在不可或缺。”(《千代元草》) 因此他们不得不对佛教采取妥协态度。这一点与江户幕府镇压基督教时的寺请制度也是相一致的。*

* 江户时代的佛教除初期隐元从中国引入禅宗一派黄檗宗外，别无其他动向。但是，佛教承担了寺请制度执行人的角色，对民众生活和习俗的影响远远超过了神道。

朱子学的另外一个使命是对抗基督教的世界观和伦理道德，为幕府的禁教政策提供强有力的理论依据。但是，这反而暴露了儒者对基督教近代自然科学观和欧洲中世纪神学的无知。1606 年（庆长十一年），林罗山与《妙贞问答》的作者、耶稣会传教士巴比庵（Fucan Fabian）的辩论颇为著名。《排耶稣》一书记录了当时的辩论情况。在此书中，林罗山对基督教的造物主思想、地圆说、棱镜等先进仪器，以及它们是在怎样的社会背景和精神下产生的等问题一无所知，只是反复宣称基督教是“邪教”。

朱子学在强烈批判和诋毁日本国内外异端思想的过程中，巩固了其服务幕藩权力的教学地位。幕藩体制是在否定庄园制[67]的基础上形成的，具有现实主义和理性主义倾向，而朱子学的理论体系正符合这一倾向。朱子学的“理”所指的是包含在万物中的“物理”，即自然法则，放在人的层面，就是规范人类行为的“道理”。而朱子学的道学性格就体现在“道理”先于“物理”这一点上，以史为鉴而正名分的观点也是由此而来。另外，朱子学认为混浊之“气”会遮蔽人们的本然之性（理），通过修炼德行和禁欲可以还原本然之性。这是朱子学对人性的乐观主义判断。此外，朱子学还认为，探究客观之“理”，必须要“格物致知”“居敬穷理”。这一点既受道学制约，又展示了其理性主义的一面。就朱子学的整体特征而言，并不能忽视其寂静的、观照的倾向。

具备上述特点的朱子学是最符合幕藩体制的理论。与此同时，当幕藩体制开始动摇时，也正是这些特点使得朱子学愈显无力。

阳明学的性质

除朱子学，阳明学也在江户前期的儒学界占有一席之地。不过，阳明学没有朱子学那样完整的理论体系，也没有形成学派。相对于重视经验性知识的朱子学，阳明学更加注重道德，主观观念论的性质较强。中江藤树虽被称为日本阳明学的开山之祖，但他只是将阳明学从中国直接引入和介绍到日本而已。中江藤树提出，人性的本体“良知”在人伦上表现为“孝”，这是他的学说较为特殊的地方。然而，被尊为“近江圣人”、在家乡颇有威望的中江藤树厉行孝道等德行，以至身心劳顿，英年早逝。

中江藤树的门人熊泽蕃山不仅把阳明学的精神看作个人修养的手段，还把它发展为经世济民之道。与山鹿素行、伊藤仁斋一样，熊泽蕃山生于浪人家庭，多年苦读，最终辅佐“名君”池田光政确立冈山藩制。他站在排佛论和神儒一致的立场上批判寺请制度，并将其改为“神职请制度”[68]。在他的影响下，冈山藩制定了保护山林、藩士留乡、限制分家等政策。其《大学或问》《集义和书》《集义外书》等著作，因以犀利的笔触批判时政而闻名。熊泽蕃山认为，要想解决武士阶层的贫困问题，应使武士留在封地，恢复自然经济。不过，这一想法与集中加强藩国权力的形势是背道而驰的。熊泽蕃山也因此与池田光政产生分歧，被反对派打压，不得不隐退归乡。不久之后，熊泽蕃山受到处罚，这也是幕府对阳明学的首次打压。

大儒贝原益轩起初学习阳明学，后来倾向朱子学，晚年又对朱子学产生怀疑，并对朱子学有所批判。他游历全国，普及医学、药学、物产等实用知识，用研究自然的经验和学问进一步发展朱子学中的理性主义。除结晶之作《大和本草》外，贝原益轩还以《大和俗训》《和俗童子训》《养生训》等通俗易懂的汉字假名混合体著作，向民众阐述日常道德。

在幕藩体制中，与儒学理论相对应的“上下尊卑之别”观念主要体现在士农工商的身份制度上。同时，各阶层内部又细化出严格的阶层秩序。武士人口虽然不到全国总人口的一成，但作为统治阶级的他们却拥有着至高无上的权力。武士垄断了拥有姓氏、佩戴刀具的特权。农工商等阶层如果冒犯武士，武士可以随意将其斩杀。不过，武士阶层内部也存在许多身份等级差别。

随着家臣集团的重组，幕府和各藩的门第、职制逐渐分离，出身寒门也可以位居要职。然而，新的门阀也在不断形成，特别是大多数普通下级武士，他们即便才能出众、志存高远，也只能世世代代生活在武士阶级的底层。福泽谕吉出生在丰前中津奥平藩。奥平藩实行藩政的两百年间，从下级武士的最高职位"祐笔"（掌管文书记录的官职）晋升为上级武士的最低职位"小姓组"的武士仅有三十五人。福泽谕吉的父亲就是其中之一。他虽有学识，但受门阀所限，只能在忿忿不平中度过一生。福泽谕吉深能体会父亲的愤懑，他甚至高呼："门阀制度乃父之敌也。"(《福翁自传》)

儒学的家族道德

儒学的主要内容体现在家族道德层面，这是因为中国社会是实行家父长制的停滞的农业社会。比起家臣忠于主君，儒家更重视子女对父母的孝道。当子女对父母的恭顺、服从被扩大解释时，就演变成了对主君的恭顺和服从。这样一来，孝就成了封建道德的根本。在日本幕藩制社会，随着幕府、各藩的权力集中，“忠”也愈发受到重视。这也是日本固有的家父长制色彩浓厚的献身精神与儒家道德相结合的原因之一。

自日本战国以来，上级武士阶层逐渐确立了长子单独继承制。在这一过程中，家长的绝对权威和家族成员的服从，即君臣关系在家族中的缩影受到重视。由此可以看出，日本具备接受孝道的社会基础。特别是当封建家臣集团的知行权受到限制，甚至被否定、最终被固定的俸禄制取代时，“支给俸禄是主君的恩”这一观念被一再强调。在这种情况下，将知行、俸禄与家名紧密结合，安稳无事地传给子孙就成了家长的最大任务。与战国时期、江户初期不同的是，此时武士出任官职、增加封地的机会减少，一旦被迫离开知行地、失去俸禄，全家人就会有流落街头、生活无着的危险。

所以说，儒家道德中的“孝”，与君臣关系中的“恩赐”“奉公”二者的关系是一致的，都是靠“恩”来维系的。林罗山在谈及君臣关系时曾提到父子男女的尊卑关系。中江藤树也认为“要阐明孝道，首先要理解父母的恩德”。(《翁问答》）古今东西，没人会质疑亲子之间的自然亲情。但是，如果把孝道看作子女对父母报恩的义务和外部强制的行为规范的话，孝道就会变成子女对父母单方面控制的盲从，父母本能的疼爱也会被“父母柔即不严，过爱则为子者不恐父母、无教行”（《和俗童子训》）的观念所限制，子女也会被训诫：“受父祖兄长之咎，或触怒父祖兄长，不论所言是否有理，都应谨小慎微、洗耳恭听。不论言辞如何激烈，心中都不可有一丝愤恨，更不得流露在外。”（《和俗童子训》）

武士的家族生活

在日常生活的方方面面，家族成员必须绝对服从家长的命令。为了保住家名，家长可以惩戒家族成员。为了避免家族、亲属承担连带责任，家长可以自行断绝亲子或其他血缘关系，有时甚至可以杀掉家族成员。即便是亲兄弟，也有明确的长幼之别。特别是继承家业的长子，在衣、食、住、教养等方面都与弟、妹有严格区分。镰仓、室町时代只看能力，不分长子、次子、三子之序的武士风俗在此时被完全否定。当藩士的石高固定不变且财政困窘时，由于藩士人数不能增加，因此次子、三子即便再有才能，也只能去别人家当养子，或一生独居陋室，靠手工副业赚些小钱为生。在儒家思想中，只有具备直系血缘的人才能继承家业，异姓的养子是不被认可的。因此原则上，日本也是从同姓或近亲中接收养子的。养子的义务是“事舅姑如实亲……悉心守护其家，以求荣续。”（《主从日用条目》）

在家族成员中，地位最低的是女性。在上下尊卑观念中，对女性人格的否定贯穿始终。武士的级别越高，这种倾向就越明显。女性的命运就是“不论贵贱，遵守三从之道。幼时从父，既嫁从夫，老后从子”（《佐久间象山女训》）。统治者认为，百姓、商人和妇女没必要读书。如果让妇女读书，她们就会失去女性的特质。即使让她们学习，也要学以“伊吕波歌”[69]为首的《百人一首》《女今川》《女大学》《女庭训》《女孝经》等以片假名书写的训导类书籍。女性长大后一般不学古琴、三味线、游艺，而学裁缝等实用技术。《主从日用条目》指出：“男女七岁不同席、不共食……也绝不可亲密说话。”

如此长大的女性嫁人后，等待她们的是更加悲惨的命运。就结婚而言，门当户对、血统贵贱是首要条件，双方家长和亲戚的意见也优先于当事人的意愿。

江户中期，小笠原流礼法[70]作为武家礼法得到完善后，结婚典礼越庄重，就越能强化妇女的从属意识。新娘头戴棉帽，身着白衣，以示“无色”，即将染上婆家家风。江户时代的已婚妇女要用铁浆染黑牙齿，这或许是为了显示其地位特殊，与其他家庭成员有所区别。由于有“以夫为天，皆明此理，便不会怨天恨天，也不会逃跑”（《江川坦菴书简》）之理，因此妇女始终被教育要“屈理从夫”（《女实语教》）。当丈夫在“三行半”（离婚书）上不写任何具体原因，仅以“不合家风”“愿休即休”等理由休妻时，女性也丝毫没有反抗的权利。

《女大学》中有“七去”的说法，即七个休妻的理由。其中包括无子、淫乱、恶疾等。正如“为何娶妻？为嗣子孙也”（《云萍杂志》）所言，妻子是传宗接代的工具，她们的“肚子是借来的”，因此不生儿子自然会被休。即便没到休妻的地步，为了传宗接代而纳妾也是家长的权利，甚至是道德上的义务。“我夫为武士，二妻也应当”（《女家训》）被当成妻子的修养。与三四个妾同住屋檐下，圆滑把握家庭关系，巧妙处理家庭事务也被看作女子的榜样。反之，如果妻子与他人通奸，按照江户初期的法律，妻子要被绑在柱子上乱枪扎死。如果丈夫不斩杀妻子，整个家族甚至会因不管家事而崩溃没落。这在当时的人们看来也是有失公允的。淫乱、恶疾是妻子被休的理由，但换作是丈夫，妻子则不能提出离婚。*

* 虽然没有相关统计数据，但由以上事实可以推断，江户时代不论男女，离婚、再婚的情况应该都很多。据传水户藩一男子曾娶妻八次。

江户时代，花柳病流行，据说主要传播者是从全国各地来到江户执勤的武士。他们不能带着妻妾来到江户，因此往返途中自不必说，在江户时也经常出入妓院和冈场所[71]。但是，如果因此就认为武士社会一直严格执行儒家道德和家族制度的话，那就大错特错了。因为无论什么年代，人们的常识和感情总会慢慢睁开眼，去批判那些不合理的观念和体制，并以此来调节人际关系。

二、武士道与复仇

旧式武士和新式武士

随着幕藩体制的确立，封建家臣集团的身份和生活也发生了重大变化，武士形象也随之发生转变。这种变革的背后是新旧武士势力的更迭。在旧式武士身上残留着一种自战国时代以来的杀戮习气，他们怀念军营中的严格生活，盼望以赫赫战功获得余生幸福。而离开知行地、住在城下町的新式武士更习惯主君下发藏米俸禄，过衣食无忧的生活。他们身为封建官僚，有出色的政治手段，比起习武，更能从学问和游艺中体味人生的价值。以性格执拗著称的旗本大久保彦左卫门，就是当时所剩无几的旧式武士之一。早在德川家康还是三河大名时，大久保彦左卫门就对德川家康忠心耿耿，屡屡抢在他人之前立功，是管理幕府军旗的旗奉行。然而，随着一骑打[72]被集团作战取代，考虑到大部队的统一行动，立头功、打头阵的行为不再被认可。不理解这一点的大久保自然变成了脱离时代的战士。在岛原之乱中，锅岛胜茂因一马当先冲入敌阵，被幕府罚以闭门思过。据说，大久保彦左卫门曾专程探望锅岛胜茂，在其大门前高喊“昔日率先冲入敌阵还会获得表彰或俸禄，而今却因违反军法处以幽禁。形势变化无常，今日我登门拜访了。”大久保深谙佛教的因果观和无常观，这与他性格保守、老旧的一面也不无关系。

在《三河物语》中，大久保将获得知行权、飞黄腾达的武士分为五种。其中有精于计算、担任代官的武士，也有其他藩出身的新晋武士。大久保彦左卫门身为元老级谱代武士，除了战场经验一无所知。在他看来，这类新型武士是最该被唾弃的，在年贡上精打细算的代官也是软骨头、一无是处的废物武士。由于在战场上与主君同生共死，因此，大久保彦左卫门的身上具有忠心耿耿的谱代意识，他无法忍受那些来历不明的浪人参与藩政机要。眼看着自己的许多兄弟当上大名，自己战功赫赫，却终生是两千石的旗本，大久保彦左卫门对此自然有强烈的不满。然而在太平之世，幕府、各藩中虽然也设置了负责战争、警卫等军事任务的“番方”，但随着负责财政、日常政务的文官阶层建立起自己的优势，这种变化也成了无法扭转的时代趋势。

武士道德意识的变化

新旧武士的更迭还意味着武士道德意识的变化。武士道这一伦理体系就是在这种环境中形成的。即便没有“武士道”这个词，随着武士阶层的出现，战场上作为实践行为规范的武士道德意识也已经开始形成了。例如,镰仓时代的“弓马之道”“兵道”等武士道德意识中，就包含了武勇、质朴、廉耻、忠诚、信义、名誉、慈悲、礼节等德目。当时的主仆关系是一种以领地授受为媒介的君臣个人之间的契约关系，因此如果这一媒介消失，君臣关系也会随之动摇。《平家物语》里所说的“不违背平日契约，皆来参战，可谓神妙”便是明证。江户时代的海保青陵等学者甚至说，君臣关系实际上就是买卖交易的关系。

如果每一代主君都能对家臣如实履行契约的话，家臣也会感受到主君的“累代之恩”，为主君尽忠。也正因如此，镰仓幕府的军事支柱——阪东武者才会“在大将军面前奋力厮杀，父死子上，前仆后继”（《保元物语》），“源氏不事二主”（《保元物语》）的稳固主从关系才会成立。不过，将这种关系发展得更为成熟的，是武士栋梁和“总领”（各个武士团的族长）、将军和御家人。当时，组建武士团的总领与同族之间，与其说是主从关系，不如说是旧式家父长制支配下的通力合作的关系。后来，总领与担任家臣、郎党的名主阶层之间才逐渐形成了主从关系。

然而，日本自南北朝以后，守护大名[73]的领国制不断发展，守护代[74]、国人[75]等当地领主阶层势力不断膨胀，“下克上”现象加剧，镰仓时代的武士主从关系和行为道德也随之崩溃。不仅如“主人遭门人报复，门人遭主人治罪，君臣双方小心翼翼”（《朝仓宗滴话记》）所言，同族之间、君臣之间向背无常，而且，此时还产生了一种新的道德意识，即认为“天命”“天道”总是在掌握权力的一方，并以此来给“下克上”做合理化解释。当地领主通过“下克上”逆袭成为战国大名后，为了巩固区域内的封建制度，将领国内的豪族、名主阶层组建成家臣集团，通过分国法[76]再次强化主君的绝对权力，强调家臣的献身精神。因此，除了继续保有知行地、增加封地外，领地代代相传是最好的情况。但如果是主君新赐的领地，不但不可变卖，就连统治领地内的农民权力都要受到限制。

随着织丰政权统一全国，幕藩体制成立，战乱日渐平息，武士集中居住在城下町，武士的生活形态也发生了改变。这样一来，他们在战争期间形成的道德意识与实际生活之间的矛盾也显露出来。“因刀鞘碰撞之小事而大吵，打丝毫没有意义的架，将砍倒对方、全身而退视为武士本色”(《武家义理物语》)，在这种杀伐风气蔓延的社会，“如果让奉公人习武，则争强好斗；如果让其安分守己，则无人重视武士道”(《甲阳军鉴》)，解决这一矛盾成了令幕府头疼的大问题。

军学和剑道

江户初期兴起的军学以没有战场经验的武士为对象，教授战斗方法，传授战斗思想，是过渡时期的产物。甲州流军学的开山之祖小幡景宪在其《甲阳军鉴》一书中强调了战场道德，批判儒者依照儒家经典讲解兵法的行为。小幡景宪的门人北条氏长开创了北条流军学。他指出，兵法并非只是战术，而是履行武士职分之法，是保卫国家的天下大道。他还将兵法扩展为更为普遍的经世之法。而且这一理论中还残留着神道、禅的影响。北条氏长的门人山鹿素行沿此方向，借助儒学将军学构建成完整的理论体系。

江户中期，剑道开始形成，其形成过程与军学有相似之处。此前的军学是一种兵法，以刀术为主，同时又包含布阵之法的兵学以及刺探敌情的忍术之法。

柳生宗严（号“石舟斋”）开创的“新阴流”正如其名所示，带有忍术性质。柳生宗严曾在德川家康的情报机构效力，其子柳生宗矩后来成为食俸一万石的大名，担任将军德川家光的兵法师傅，建立起新阴流的特权地位。

宫本武藏是兵法家的最后一人。从其著作《五轮书》（1645，正保二年）来看，他并不把兵法单单视为刀术，而将其看作追寻“天道”“天理”的个人修炼之道。他晚年曾以“生不逢时，无用武之地”一言表达了被时代抛弃的不满之情。但即便如此，他依然有着“拙者一人之仪为古今之名人”的自豪感。

此后，剑法从兵法中分离出来，经过儒学的洗礼后升华为武士修身养性之法。剑不再是夺人性命的凶器，具备了“活人剑”[77]的意义。由此成立的剑道分为众多流派，各流派的掌门人虽然会将本派的秘诀和看家本领传授给弟子，但此时的刀术已经失去了原本战斗技术的意义。只要天下太平，刀术就必然会退步。

武士道的形成

1665年（宽文五年），山鹿素行因在《圣教要录》一书中批判了观念性的朱子学，率先提倡复兴实用之学的古学，在学术界声名鹊起。与此同时，他还是系统性论述武士道理论的先驱。从《山鹿语类》中可以看出，山鹿素行把君臣关系视为“天命”，是神圣不可侵犯的。他把君臣之间的恩赐和封禄关系升华为“以生死献君心”的境界。

此前，日本社会存在“天命”学说（“下克上”的思想依据）和“放伐思想”（即便是君主，失德亦应逐放）。到了山鹿素行，他将这两种思想观念转变为拥护君主权的思想，同时强调献身精神是“臣道”，是具有普遍意义的道，是人的行为规范。不过，身为浪人的山鹿素行也非常重视封禄问题，他认为“封禄不到一万石，可另择名主”（《配所残笔》）。这一点与他前面的主张是自相矛盾的。

山鹿素行主张，武士的职责在于教育、引导位居其下的农工商三民，因此必须文武兼备。山鹿素行这样做，是为了将武士不事生产、寄生于农工商三民的生活方式合理化。山鹿素行的武士道论虽与其他儒者的观点大同小异，但不同的是，他主张武士的职责在于道德。在这一点上，不要说战国武士，就连江户时代趋向游民化的武人也无法做到。只要本质上是武士，就很难以此理论彻底约束自己的生活方式。因此，除了儒学式的武士道论以外，自然会有其他学者努力维护旧式武士的道德意识。

成书于享保年间（1716—1735）的大道寺友山的著作《武道初心集》认为，武士的理性规范并非在于恪守忠孝，而在于武士的“意地”。倾奇者也具有“意地”“一分”“耻”等日本战国时代遗留下来的思想风气。越后长冈藩主牧野忠精经常训导家臣要有“常在战场”的觉悟，这就是这种精神的表现。佐贺藩士山本常朝是与大道寺友山同一时代的学者。在其所著的《叶隐》一书中，他将上述观念极度抽象化，甚至达到了疯狂信仰的程度。他用“将吾身献于主君，欲求速死，化作幽灵，不分昼夜为君祈福”，来强调忘我、盲目的献身精神。正如其言“释迦牟尼、孔子、楠木正成、武田信玄[78]乃吾等榜样，吾等誓死效忠主君，终要葬于龙造寺、锅岛，不辱家风”，这种社会意识是仅限于藩国这一狭窄范围之内的。从这一点来看，战国的殉死遗风必然会再次得到人们的认可。

禁止殉死

日本战国时代，当主从的人格关系紧密结合在一起时，殉死或“追腹”（追从主君剖腹自杀）的情况就会时有发生。即使是在江户初期，当将军、大名去世时，必然会出现数名甚至二十名殉死者。而且各藩以此为荣，如果受到已故主君的特别爱护却不剖腹，此人便会成为藩中的笑柄。从儒学理性立场来看，这当然是不被认可的。山鹿素行也说过："殉死无故损失人之生命，损天德也。"(《山鹿语类》) 德川家康以及信奉儒学的各藩主也都纷纷禁止殉死。当时除了为忠义而自杀的"义腹"外，还有为不输给其他藩而自杀的"论腹"，以及为死后留下美名，荫庇子孙受到主君优待的"商腹"。针对这些已经趋于形式化的殉死行为，世间多以笑话讽刺之。

1663 年（宽文三年），幕府正式下令禁止殉死，明文规定违反者将受到严厉处罚，殉死行为随之消亡。两年后的 1665 年（宽文五年），日本战国的陋习"证人制"，即要求大名送人质到江户的制度也被废除，这与禁止殉死并称为"宽文两大美事"。这两项措施表明，在确立幕藩体制的过程中，儒家思想不断向政治层面渗透，显示出江户幕府除旧布新的建设性一面。

复仇流行

幕府和各藩一方面镇压浪人和倾奇者，禁止殉死，另一方面又直到幕末都不禁止复仇行为。非但不禁止，官方还大力赞赏这是"武士道之精华"。"血的复仇"可谓人类的原始本能。在近代以前，无论何时何地都有复仇的行为发生。近代国家建立后，复仇因违反公共秩序而被禁止。日本也在 1873 年（明治六年）的太政官布告中明令禁止了复仇行为。

但是在江户时代，复仇作为一种惯例得到认可，儒学还将其定位为实践忠孝道德的重要途径，为其赋予伦理依据。当然，复仇必须得到幕府的官方批准，如果不备案，将与拦路杀人和强盗行为同处。而且，复仇者只能是被害者的部下，复仇地点不能选在皇居禁中、江户城、芝山、上野山以及与此相当的区域内。然而在实际状况中，未备案便擅自复仇、由被害者的上级复仇的案例屡有发生。由于幕府注重复仇的道德意义，因此也经常以特例进行处置。

整个江户时代，有记录的复仇案例超过一百个。据推测，实际数字远远不止于此。江户中期以后，复仇不再限于武士阶层，农民、町人阶层也出现了复仇行为。至此，复仇已然成为自上而下的社会规范。农民、町人姑且不论，对于武士阶层而言，复仇变为道德上的义务。为了担负这一义务，武士不能回藩，掘地三尺也要找出仇家。不过由于当时交通不便，走遍全国找寻仇家并非易事。有的武士甚至风风雨雨历经五十三载，才终于完成复仇大业。这还算幸运的，有的武士终其一生都没能找到仇家。很多武士耗费九牛二虎力找到仇家，却反被仇家杀害。于是，很多人开始对受义理所迫的复仇行为产生怀疑。在《堀河波鼓》中，主人公一路追讨与妻子通奸的人。然而途中，主人公逼死爱妻后追悔不已，感叹哪怕让妻子出家为尼，也应留她性命。对此，作者近松门左卫门在故事的末尾评论道："可悲，武士之身才是仇之习性！"

忠臣藏

说起复仇，最负盛名的莫过于日本三大复仇故事之首的“赤穗义士复仇”。演义这一故事的歌舞伎、净琉璃剧本多达四百余部，其中竹田出云的《假名手本忠臣藏》最为著名。无论歌舞伎剧场再怎么冷清，只要上演忠臣藏的故事，上座率便会猛增。

当时的社会舆论对赤穗浪士的复仇行为赞不绝口，称之为“义士”。在幕府内部，大学头林信笃等众多儒者也都持有该立场。室鸠巢等人还留下《赤穗义人录》，给社会带来巨大影响。但是，也有人从法治主义的立场来看待此事，认为这些浪人是扰乱幕府法规的暴徒。持这一观点的核心人物有荻生徂徕、太宰春台等徂徕学派的学者，以及佐藤直方等朱子学者。太宰春台和佐藤直方甚至认为，赤穗浪士是违背江户幕府的命令武装起来，以战场作战的方式杀害仇家吉良的大罪人。而且，这些人复仇之后没有剖腹自杀，贪生怕死，只是等着幕府发落。他们想利用世人的赞赏来逃脱死罪，甚至谋求官位。经过一番深思熟虑，幕府最终压下了强烈要求赦免赤穗浪士的内部势力，听从荻生徂徕等人的意见，命赤穗浪士剖腹自杀。这一事件明确体现了幕府的两难境地。一方面，幕府出台了鼓励复仇的文教政策，另一方面又不能对拉帮结派、刺杀幕府高官等破坏社会秩序的行动听之任之。

赤穗浪士中的一人大高源吾在给母亲留下的诀别信中这样写

道："主君对我恩重如山，蒙不白之冤，含恨而死，国破家亡，我要为主君报仇雪耻。谨遵武士之道，为忠舍命，光宗耀祖。"在这封信中，大高源吾强调了建立"武士之道"的理性规范意识，以及身为近臣，要为主君泄恨的旧式武士道德意识。茅野和助常成也在给父亲的书信中提到"如果在这紧要关头退缩，会令家族颜面扫地，累及犬子武次郎猪之吉。总而言之，这是与武士之道相悖的"。他参加复仇的动机只是在于"一家之体面"这种传统的体面意识。

如此说来，荒木又右卫门的"伊贺越复仇"事件还是由大名和旗本为男色争风吃醋引起的。但是，赤穗事件等复仇事件的背后，依然能看出武士新旧道德意识的重叠和过渡。这些复仇行为与倾奇者的道德行为有相通之处，而这也是荻生徂徕学派加以批判的原因所在。

不过笔者认为，民众对赤穗浪士复仇的看法和理解存在误区。如后文所述，与武士不同，一般民众所认为的"义理"是人性的象征，因此民众才会对赤穗事件的主人公经历千辛万苦达到目的的行为产生强烈共鸣。民众之所以能产生如此强烈的共鸣，恐怕正是由于在封建制度下，民众被剥夺了批判和行动的权利。

第四章　农村和城市生活

《孩子嬉戏》，葛饰北斋

一、农村生活

江户时代通过检地形成的新型农村与以名主、土豪为中心的中世农村有所不同，其主体由小农构成，小农拥有年贡负担地“高请地”的持有权。一般情况下，他们被称为本百姓，祖祖辈辈依附于土地，对土地的持有权比大名的领有权更为稳定，并且世代相传，农民之间也多主张自己的持有权。但是，正如《庆安御触书》所言，农民拥有这些权利的先决条件是“缴纳年贡”。而且，除经济上的强制要求外，农民还在身份地位、生活方面受到限制。*

* 在江户初期的地契上零星可见“即便大名改封或实行德政，土地也不受任何影响”之类的字样。这说明农民具有很强的土地持有权。

通过检地确定一村的石高，并乘以一定的租率“免”，便可得出该村的贡租额。贡租额一旦确定，领主便会向村子下发年贡租额文书“年贡割付状”。村中大小农民聚集起来，无论身份贵贱,一律按照土地收获量“持高”来分担贡租。不过实际上，很多村子的相关事宜都是由村吏一手包办。江户初期不识字的农民很多，这些农民会把自己的印章委托给村吏来缴纳年贡。这样一来，村吏很容易徇私舞弊、在年贡上做手脚。幕府直辖地的最初租率为“五公五民”或“六公四民”。所谓“六公四民”，即产量为一百石的村子要缴纳六十石贡租，剩余四十石归农民所有。此后，该租率逐渐变为“四公六民”，至1728年（享保十三年）又提高到“五公五民”。一般来说，大名领地的租率要高于幕府直辖地，也有像上州高崎藩这样的极端个例，租率高达“八公二民”。一般情况下，租率按照每年的收成来确定，这种方法称为“检见法”。但江户中期以后，各地开始施行“定免法”，取过去几年的产量平均值，以此定下五年甚至十年内的租率。

贡租以水田年贡为主，旱田租率一般低于水田，因此很多旱田会以大豆及其他农作物来代缴年贡，或直接缴纳货币。还有很多地方不论水、旱田，直接用货币缴纳三分之一或一半的年贡。在山村中，很多地方直接用货币缴纳全部年贡。幕府虽然规定年贡米为一俵（袋）三斗七升，但有的藩会更高。有些藩不论幕府直辖地还是私有领地，都会在年贡米的基础上加上口米、込米、欠米等附加米（相当于附加税），因此有时一俵三斗五升的贡租会提高至四斗以上，远远超出一开始的租率。不仅租率高，幕府和各藩还规定年贡米必须是一粒一粒精选出的上等米，用两层俵（用稻秸编的草袋）装袋，用绳子绑严。

武士、农民、町人人口比例

武士 7%
工商 6%
其他 3%
约 3 000 万人
农民 84%

除了课以水、旱田的正式贡租外，还有“小物成”“冥加”“运上”等杂税。小物成征收的主要是山林、原野、河海等方面以及农民手工业方面的税收，种类繁多，有山手、川役、鲑鳟役、盐役、糠蒿役、布役、棉役、纸役等众多名目，而且随着时代的推移还在不断增多。运上、冥加是对领地内工商业、渔业等方面的课税。运上、冥加以及专卖制都是领主管控商品流通的重要方式。

除租税外，还有课役。庄园制时期多为劳役，到了江户时代，应农民要求，劳役变为用钱、米来代替。但是，以东海道为首的五大道[79]沿路驿站仍然征调“助乡役”，为武家物品运送补充常备人马。这些强制劳役对驿站附近的村民来说是极其痛苦的。如果是较远的村庄，被征调一次“传马人足”，算上往返的路程要花费五六天的时间。而且由于助乡役多在农忙季节征调，因此对于农民来说，助乡役要比缴纳年贡更加痛苦。有些村民甚至为了躲避助乡役，干脆将田地送给别人。由于服助乡役途中饥寒劳累，手捏的饭团太小,因此人们会用毛巾卷成大饭团挂在右腰，称“传马饭团”，左腰再挂上将棋棋子形状的“传马札”，牵着已经因农活而疲惫不堪的马匹，十人或二三十人一组出发服助乡役。

除课役外，幕府领地还比照课役，按照一定产量征收“御传马宿用”“御藏米用”“六尺给米”三役，各藩也有众多类似的征收名目。

对农民的管控

如上所述，贡租本身就已经很繁重了，但缴纳贡租时，幕府和各藩还要进行严格的管控和监视。在完税之前，农民不准吃大米、买卖大米。将大米运到城下或领地内的米仓时，还要受到严格的检查，稍不合规就会被退回。

可即便如此，费尽千辛万苦、大致能缴清年贡的农民就已经算是幸运的了。那些不能缴清年贡的农民才是真的悲惨。完税之前，不仅本人，责任人庄屋也要被扣为人质。捆绑、拷问、打入水牢，不仅散尽牛马、田地、家财，还要卖掉妻儿来缴税。所谓水牢，是在地上挖一洞穴，里面注满深约三尺的水，在严冬腊月将犯人的脚泡在其中数日。

“为征收百姓贡赋而施行的水牢等酷刑，反而会引起百姓反抗，事与愿违。”熊泽蕃山曾在《赠池田丹波守书》中警告当权者，严厉的处罚只会引起农民的反抗。

随着藩制的建立，幕府开始采用儒家思想来教化民众，上述中世遗留下来的刑罚也被逐渐废除。但这并不意味着幕府和各藩放宽了对贡赋的催缴力度。鞭子带来的直接、暴力的强制措施虽然被废除，但非经济手段的强制措施取而代之，继续控制着农

年贡米入库，《大和耕作绘抄》

在官吏的指挥下，到场的庄屋将装有年贡米的草袋搬入米仓中。

民，而这种措施是建立在以武力为背景的法律和习俗之上的。

耕地作为生产资料，只有与劳动力相结合时才能用于生产。因此，幕府与各藩必须将农民束缚在土地上，防止农民逃散、离开村庄。这种措施始于日本战国时代，此后也未曾断绝。幕府与各藩在促进小农自立的同时，还想方设法限制和禁止农民逃跑、外出奉公或离乡谋生。

为了防止农民逃匿、本百姓小规模经营解体，幕府禁止买卖和抵押高请地，不允许将一町十石乃至二町二十石以下的持高进行分割。1673 年（宽文十三年），幕府首次以法令形式限制分地、分家。有些藩早在幕府之前便出台了这些措施。乍一看，这与保护小农的方针似乎有些矛盾，但是鉴于当时生产力低下的情况，如果随意分割一町以下的零散土地的话，本家和分家都会破产。正因如此，才有了《农家贯行》中“世间将笨蛋称作‘田分’，就是因为他们分割田地”一说。

仙台藩会对非高请地的土地多征收五贯文以上的税额，以此防止兼并之弊，同时将这些钱分给小农，使其独立经营。前文所述的加贺藩“切高仕法”等措施的目的也是如此。另外，各藩定期重新分配土地也是为了纠正因耕地条件不均而产生的贡赋负担上的不公平，防止持高集中在少数人手中。为了保障年贡米的生产，幕府和各藩还对作物的种类进行了限制。特别是江户初期，官方禁止在本田（与新田相对的旧田）种植烟草、菜籽等经济作物，这与江户中期以后的方针大为不同。

在征收年贡的方针上，幕府与各藩有相同之处，那就是“年贡的征收量要恰到好处，让乡村百姓半死不活”(《落穗集》)。此话相传系“东照宫上意”（德川家康的旨意）。据传为德川家康的老臣本多正信所著的《本佐录》对此进行了具体说明：“首先明确划定每个农民的田地界线，使其留下一年的种子和粮食，其余上缴年贡。不使其有余财，又不使其困窘，这才是统治之道。”也就是说，要给农民留下最低限度的口粮和必需品，使其能够自给自足，剩余的全部榨干。当时尚处在以大米和杂谷为主、生产力水平低下的阶段，因此一旦遇到凶年，小农便难逃饿死的命运。幕府和各藩表面上高呼“农业乃国之根基”，将农民置于工商之上，实际上却是“农者，纳也”（日语中“农”与“纳”同音），不过是将农民视为产出年贡的工具而已。

农民的生活

这样一来，即便统治者不强制驱使农民，农民也会在衣食住方面受到严苛限制，不得不拼了命地辛勤耕作。

“衣”方面，名主、庄屋等村吏可以穿绢、绸，普通农民只能穿没有花纹的黑色或藏青色的棉、麻，而且袖长和肩长也有限制。农民在束发时不能使用发带，只能用稻草，更不准抹头油。

“住”方面，普通农家住窝棚，不铺榻榻米，多在泥地上铺草席或稻草用于起居。亲眼见到日本元禄时期农村样貌的恩格尔伯特・坎普福尔（Engelbert Kaempher）曾描述："农民、乡下人的住家简陋不堪，寥寥数笔即可描画出来。"（《江户参府纪行》）

"食"方面，地主、村吏有时可以吃到大米，中农以下的农民主要以杂菜粥——一种在麦子、粟米、稗子中掺和切碎的干叶、萝卜煮成的食物为食。在飞驒等山地地区，稗子做成的糠饭已经算是上等美食了，农民平时能吃到的只有橡子粉或有毒的槲寄生果实做成的团子。稻作地带暂且不说，只要是旱作地带，"就是正月初一到初三，很多生活在山野间的人也吃不上大米"（《民间省要》）。这种情况在江户周边也不例外。在离海较远的山村，只有在盂兰盆节、正月或者农忙季节，为了"补充精力"才能吃到鱼类。糖更是稀罕物，就连城下町的武士家庭都极为珍重。为使农民能像《庆安御触书》所设想的那样进行彻底的劳作，幕府规定了公休日，有的地方还规定一天只能抽四次烟。肥后熊本藩到了正月翻地时节，天还没亮村吏便会敲鼓叫起村民，不起床者将受到村吏的警告。如果翻地不及时延迟到二月，则要受到处罚。三月末，郡代会视察各村，偷懒者将被投入大牢。

农村的统治机构

除上述充满封建性质的限制措施外，封建统治者还会从农村的共同体中剔除集结党徒等带有反封建性质的因素，并把这种共同体变成年贡的征收组织。完善由名主（庄屋）、组头、百姓代[80]组成的“村方三役制”，就是其中的一个表现。

江户初期的村吏多为留在当地的前朝名主和浪人。领主在一定程度上对其施以优待，利用他们对农民的传统统治力来统治农村、保障年贡税收。后来，村吏首席（关东地区称“名主”，关西地区称“庄屋”）开始领导组头、年寄等村吏处理村政。这些人大多与江户初期的村吏一脉相承，在土地的所有以及山林、水资源的使用上拥有优先权。这样一来，村子的利益就是他们的利益，江户初期的农民起义也多是由村吏代表村民，越级向领主陈情的形式。以“义民”著称的佐仓宗五郎、磔茂左卫门便是典型案例。二人的事迹均发展成传说，愈发模糊不清。特别是佐仓宗五郎，他的事迹被民谣、净琉璃、化缘僧唱词[81]、讲谈、木偶剧、浪曲[82]、传说等各种民间文学样式汲取，在鼓舞农民斗争方面发挥了巨大作用。

为确立藩制，各藩统一的农村统治机构一经完善，幕府便利用这些旧势力阶层，在各个村的村吏之上设置统摄数村的“组村之长”——大庄屋、大肝煎、十村等，组村之长再由藩的郡奉行直接领导，以此对村进行统治。

但是，随着小农独立、在村政上逐渐掌握发言权，他们开始推选百姓代以及江户后期代表下层村民的小前总代来监督村吏，防止他们肆意妄为。还有不少地方将以前的几个小村子合并为一个行政村。统治村内部落“组”的组头、年寄势力强大，庄屋和名主的权限因此受到限制。很多地方的庄屋或名主还是由组头每年轮流担任。在这样的村子中，使用公共土地和水资源的权利大多还像往常一样归属于组。

江户初期的村吏负责收缴年贡、追捕逃亡的农民、招纳新百姓等。然而，以本百姓为主体的共同体形成后，这些事务则变成了村子的连带责任，“五人组”这一组织也开始发挥重要作用。

农民的阶层

江户中期，以本百姓为主体的村庄在全国范围内形成，这些本百姓拥有相对均等化的小规模经营。“本百姓”是一言以蔽之的说法，实际上本百姓又可细分为多个阶层。农民中除了本百姓外，还有“无石高”的水吞百姓，也有身份上、经济上依然从属于地主的名子、被官[83]等农奴，其名称颇为繁杂。此外还有“秽多”和“非人”[84]，他们被迫过着与世隔绝的部落生活，这种部落生活被称为“人类之外的社会”。与当今构成简单的农村相比，江户时代的农村之复杂超乎人们的想象。在生产力低下的江户时代，封建身份制度所固定下来的上下等级秩序贯穿始终。

但是在领主眼中，农民的基本身份构成只有两种：一种是拥有高请地，负担年贡和课役的农村正式成员——本百姓。另一种是本百姓以外的仅为农村居民的农民。前者除了向领主缴纳年贡外，还要承担“夫役”（劳役），因此他们又包含了役家、役人的身份。江户初期的本百姓被称为“头百姓”或“长百姓”，他们大多是与名主、土豪一脉相承的村庄草创人，且一直保持一定的人数。

对于领主而言，即便同为役家，但在农村生活和村政方面仍存在身份差别。摄津武库郡上瓦林村分为七个宗族集团，其中三个宗族集团组成“宫座”[85]，在祭祀氏神上拥有优先权，村吏也从他们当中选出。当不再担任一家之长的老人以及兄弟姐妹逐渐从役家中独立出来，单独登记在检地帐上时，领主也会

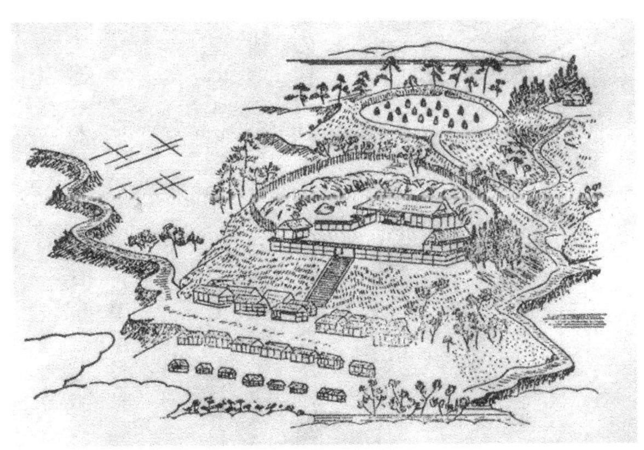

农民房屋的分布，《新编相模风土记稿》

山丘之上是地主的房子，山脚下是农民的房子。

逐家调查，征其课役，根据增加的家庭数量，将课役细分为半役或三分之一役，以此来维持原来的课役总量。与此同时，课役全部以石高为基准，从服劳役变为缴纳大米和货币。后来，役家成为彰显村内传统、门第高低的标志。即便丧失石高，在经济上逐渐没落，但在村子集会时的席次和祭礼活动上，役家依然保持着高于他人的地位。

农民的家庭生活

结合农民家庭形态的变化来看，本百姓的普遍形成，就是以夫妇和孩子为中心的单偶婚家庭，从以役家为家长的复合型家庭分离出来的过程。这意味着零散的耕地通过家庭劳动完成，而以此维系的小农经营将决定农村的生产。

从继承关系来看，不同于武士家族，农民家族普遍采用“分割继承”。虽说是分割继承，但一般来说，继承家督地位、承袭本百姓身份的人，同时也会继承最多的土地和财产。原则上继承人为长子，但次子、三子，甚至是末子、女性也可以成为继承人。女性继承人称为“姊家督”。

也就是说，农民家族并非像武士家族那样，严格遵守长子继承制。虽说小家庭从复合型大家庭中独立出来是普遍趋势，但在耕地少而贫瘠、地理位置不佳、无法外出谋生的山地地区，小家庭很难独立出来。*

* 典型案例是飞驒白川村的大家族制度。特别是中切部落，明治初年，其总户数的43户中，家族成员在10–20人的仍有28户，20人以上的仍在10户以上。在该部落中，二子、三子不能分家，女儿依附于家庭不能出嫁。这些人在父母家中徒然沦为老叔叔、老阿姨，受家人嫌弃。大家族的户主夫妇称为老爷、太太。老爷作为农耕领导指挥老叔叔下地劳作，太太作为炊事领导指挥老阿姨给一大家子做饭、做家务。老叔叔、老阿姨的私有财产只是利用可怜的节假日或闲暇时间，通过开垦烧田或打零工赚得的微薄收入。他们一旦死亡，即便有儿女，这些收入也要归老爷所有。

当然，即便是农民家族，越是上层，其家长权就越大。家庭成员围坐在炉边时，席次的排列可以说明一切。背靠壁龛、席次最高的正座（称“横座”）只有户主和长子能坐，其左右分别是“向座”和“锅座”，客人坐向座，主妇坐锅座。入口是末席，称“木尻”，尚未接管主妇权的儿媳或其娘家人坐在木尻。

即便是一家之长，如果本家（分家之前的家族）户主来了，也必须将横座让与本家户主。这里体现了宗族集团中本家与分家（分出的家庭）的关系。一家之长有权惩戒子女，可以与其断绝关系、将其扫地出门，对子女的婚姻等日常生活也可进行诸多干涉。“宰相门第元帅府”，婚姻的首要条件是门第、身份上的对等，大庄屋找大庄屋、庄屋找庄屋，这是有一定之规的。而且若有人求婚：“石川桥边的姑娘，请问嫁名？”女方必须回答：“媒妁大人，问我不若问父母，若是父母允诺之人，我便愿

往。”(《鄙俚一曲》)

由于男女共同承担耕织劳动，因此中农以下家庭中的家长权要比武士家庭小得多。相反，农民家庭的主妇权强大，其地位与一家之长近乎平等。饭锅的勺子是主妇权的象征，除主妇以外谁都不能碰。将主妇权转交给儿媳称作“勺子交接”，这说明主妇是关乎全家生死的厨房统治者。正因如此，未成为主妇的儿媳地位才如此卑微。

一般来讲，农民并不像武士一样纳妾，这对主妇来说是莫大的幸福。西川如见在《百姓囊》中指出：“百姓纳妾实属罕见。”江户幕府末期，美国海军将领佩里在其《日本远征记》中记述了他率领军舰来到浦贺时的见闻：“日本妇女赤脚踏着没有后跟儿的草鞋，穿着与男人颇为相似的衣服劳作……她们的男性伴侣地位被认可，绝非家庭奴隶……事实上，日本并非一夫多妻制。”这便是日本妇女地位的显著特征。

但是，农家子女只要出了家门，家长权便无从施展。“若者组”“娘连中”，以及“若众宿”“娘宿”的生活便是如此。

“若者仲间”和“若者组”遍及日本农村，一般来说是15岁以上的未婚青年组成的团体。在团体中，规约的制定、青年领导的选举都是由团体成员自主进行的。村子里的祭礼、消防、修建水利设施等公共事业也都是若者组的任务。若者组有若者宿（同“若众宿”），年轻男子每夜在此聚集，享受集体生活。娘连中（由年轻未婚女性组成的团体）也会在娘宿做做裁缝活儿，打打趣。年轻男子在青年领导的带领下前往娘宿，此称“夜游”。姑娘们也会从娘宿出发，前往若者宿游玩，对唱情歌，海誓山盟。

在儒者看来，这是“淫乱”“不义”之举。但是这些团体反而防止了婚姻上的混乱。据说，昭和初年长崎某村取缔娘宿时，村子里的姑娘们以找不到结婚对象为由进行了抗议。男子或夜里偷偷摸进姑娘家中，或直接掳走姑娘的事件在日本各地时有发生。因此从某种意义上来说，由年轻男女组成的团体以及随之相伴的生活也是婚姻自由的一种形式。

村子中的共同体生活

村子也是众多农民家庭聚集而成的封闭式生活共同体。与领主作为征收年贡的单位而设置的行政村相比，这样的村子有其不同之处。聚集在村子里的农民家庭从门第、身份到持高虽各有不同，但由于村子里的农民共同从事自给自足的农业生产，因此传统和习俗的力量尤为强大。江户初期由上层农民垄断的山林、水资源的使用权逐渐转移至全村人手中，这对加强以小农为主体的生活共同体的性质起到关键作用。与此同时，为使山林、水资源成为村子的公共财产“入会地”，让所有农民能够共同使用，进入山林的时间段、水资源的分配等方面必须作出详细规定。不仅是“入会地”，耕作及其他日常生活也都有十分详细的“村极”（村规）。违反村极者，轻者罚款，重者“村八分”[86]或驱逐出村。农忙季节，佃农、长工都要前往地主望族家帮忙，农民之间也有名为“结”“催合”“手间替”等劳动力融通组织。不仅在农业方面，冠婚丧祭时，部落内部也要互帮互助。

村庄共同体的日常生活中有不少与神道、佛教信仰相关的例行活动。其中最重要的是氏神和产土神[87]信仰，即“镇守神”信仰。请神大多由村子的创始人负责。村民出生后，从参拜神社之日起便成为产土神的氏子。丰收、求雨、除灾等与村民生活息息相关的事宜，无论大小都应向镇守神祈愿。起义、造反相关事宜也经常选在神社内商讨。

春秋两季的大祭是村子里最重要的祭祀活动，男女老幼只有在这个时候才会忘掉生活中的一切辛苦，捣年糕、喝浊米酒、观看业余相扑比赛、看大戏、看杂耍，尽情享乐。此外，村民还结成互助会“讲”，轮流参拜以伊势神宫为首的全国名山和灵场[88]。待日会、待月会[89]时有整个村子聚餐的风俗。“讲”中有许多以融通金钱、经济互助为目的的组织，如“赖母子讲”“无尽讲”等。按照太阴历进行的各种各样的节日庆典也发挥了农业历法的重要作用。

农业的进步

如上所述，本百姓虽然承担年贡、劳役的重负，但他们同时也是农业生产的主体，这意味着他们将为生产力提供新的发展方向。

正如会津藩郡奉行所感叹的："庆安元年至元禄元年的四十一年间，民势如潮，正值盛世。"(《新妻氏存寄书》）从17世纪下半叶开始，在本百姓制度确立的基础上，农村经济展现出了显著的繁荣景象，这令统治者啧啧称奇。

日本水、旱田面积变化

庆长年间	1596–1614	1 635 千町步
享保年间	1716–1735	2 970 千町步
明治七年	1874	3 050 千町步

日本土地收获量变化

文禄元年	1592	18 459.9 千石
元禄年间	1688–1703	25 768.9 千石
天保三年	1832	30 402.5 千石
明治四年	1871	31 620 千石

如表所示，耕地面积和收获量均获得显著提高。农民为扩大经营规模（自给自足的基础）而付出的不懈努力，以及领主积极的奖励政策都起到了至关重要的作用。幕府、各藩将筑城、

开矿的技术应用到治水灌溉工程中，从河流上游开凿长距离、大规模的水渠灌溉台地，建造有母池供水的蓄水池网络，从与大河川相连的母池引水至子蓄水池。同时，这些先进的土木技术还逐渐传到民间，被豪强村吏和町人运用到土地开发中。

五郎兵卫新田是武田浪人市川五郎兵卫于1631年（宽永八年）在信州佐久郡开发的田地。开发这片土地时，市川五郎兵卫开凿水渠五里（近世时1里约为3.6–4.2千米），于途中山腰岩石间挖掘、建造1 440间（1间约为6尺）堰坝和410间自流井，所用技术相当先进。修建自流井时，市川五郎兵卫还动员了许多开采矿山的工人。1655年（明历元年）基本完成的江户玉川饮用水工程，以及1670年（宽文十年）竣工的箱根用水工程的情

稻谷脱粒，《老农夜话》

右上方正在脱粒的就是千齿。

况也大体类似。

不仅耕地面积有所增加，农业技术也取得了显著的进步。适合一年两熟和深耕的“备中锄”普及开来，便捷式水泵“脚踏式水车”也被设计出来。特别是在稻谷脱粒方面，脱粒工具从“扱箸”进化到“千齿”，效率提高了十倍，大大节省了女性脱粒的劳力和时间，因此千齿又名“打倒寡妇”（脱粒工作原本是寡妇的重要收入来源，而高效的千齿剥夺了寡妇的工作机会）。另外，大米既是年贡的主要来源，又是最大宗商品，因此如何改良水田的栽培技术自然成了农民关注的焦点。在稻种方面，农民开始挑选生长情况好、病虫害少的种子种植。

商品农业的发展

比起水田作物，不在年贡大米范围内的旱田作物很早便出现了商品生产的前兆。但即便如此，直到 17 世纪上半叶还只能看到漆、纸、盐等少数稀缺产品。而且，领主还将这些产品作为准贡租进行征收，农民很少有机会将其变现。但是到了 17 世纪下半叶，情况发生巨大变化。随着大米的增产，为了满足城下町以及其他城市的需要，旱田作物的分化、商品化也在不断进行。

在该背景下，生产力得到了相对平稳的进步，以小农自立程度较高的近畿地区为首，各地商品农业发展显著。棉花、烟草、菜籽、蓼蓝、灯心草、蜡、纸张等变现作物及其加工品有所增加。出羽村山等地也开始生产与蓼蓝同为染料的红花。由于白丝进口减少等原因，养蚕业与缫丝业因其稀缺性而比其他产业更早实现商品化，进入全国市场。关东北部、上野、信浓各地以及岩代的伊达、信夫两郡是养蚕业与缫丝业的中心。

幕府和各藩也放宽了之前对播种的限制，进一步积极鼓励经济作物的种植。领主也想通过年贡大米的货币化来与中央市场接轨，进一步垄断领地内的稀缺产品，将其变为自己的专卖商品。在这一点上，开始修建于1604年（庆长九年）的五大道，以及继南海路之后，分别于1671年、1672年（宽文十一、十二年）开通的东、西回航航路极大开拓了领国至中央市场的商品流通路径，对商品农业的发展起到重要的促进作用。*

* 南海路是联结江户和大阪的海上航线，往返于这条航线的有菱垣回船和樽回船。为了不让货物掉落，在甲板两侧用竹子围成菱形墙垣，这就是菱垣回船。1619年（元和五年），菱垣回船开始从大阪运送重要物资至江户，菱垣回船由此起源。樽回船出现于江户中期，一开始只是运输从菱垣回船的货物中分出的酒樽（酒坛），后来逐渐运输其他货物，并不断与菱垣回船发生纠纷。东回航航路是从日本海沿岸出发，经津轻海峡至太平洋，最终到达江户的航路。西回航航路是从日本海沿岸出发，经下关海峡，穿过濑户内海进入大阪的航路（参照ⅳ、ⅴ页地图“江户时代的交通和产业”）。

二、町的形成

城下町的形成

从 17 世纪下半叶开始，新的商品生产和流通在农村发展起来。以此为媒介，江户时代的城市也开始出现各种各样的分化和发展。在论述这一问题之前，有必要先阐明江户初期的城下町是以怎样的构造形成的。

城下町是日本战国时期以来兵农分离政策的产儿，它作为大名领地的政治、经济中心，几乎在同一时间内遍及日本全国各地，是纯粹的封建城市。

比如，土佐的大高坂城下町是长宗我部元亲于 1587 年（天正十五年）从冈丰城移至高知平原时开拓的较为古老的城下町。以城堡为中心、被南北两河夹在其中的 91 町之余的区域为城下町，被称为“御城回”。御城回建有新的街区，这一街区囊括了原本就有的集市。以御城回为中心约二里的近郊地区承担了城下町的消费任务，这里可以进行与城下町同值的买卖活动。长宗我部元亲迁至此地的第二年便对以城下町为中心的大高坂乡进行了检地。在城下町街区中，此前登记在检地帐上的多是以豪强商人为代表的阶层，但如今很多拥有房产的人取而代之，被登记在了检地帐上。实际上,这是对町房产持有权的一种认可。

这意味着当地家臣对街区的统治权被大名的“领知权”所吸收，家臣开始集中住在城下町，合并武家町与町人町的城下町初具原型。1600 年（庆长五年），山内氏入城后，在浦户（位于今高知县高知市）建立新城下町。之后，大高坂的工商业者搬到此地，至藩制确立的宽文时期，近世城下町的构造已基本确定。

城下町的居民

江户初期，聚集在各城下町的手工业者有从事锻冶、磨刀、刀鞘制作、刀柄制作、五金、漆器制作等与武器相关的匠人，也有服务于武士日常生活的木匠、染匠、榻榻米制作工、铺房顶的工人、制作木桶的手艺人等。这些人与地方豪族一脉相承，与德川氏的城下町江户一样，从领主手中得到免征课役的房产，豢养徒弟，管理领国内同行的手工业者。商人中有谷物、纸、油、盐、茶、鱼等批发商，与手工业者相比种类较少。除去谷物批发商外，剩下的商人人数少之又少。

1608 年（庆长十三年），领主堀氏将城下的生鱼、鱼干、咸鱼的专卖权授予越后福岛城下田端町的批发商。三年后，领主又将盐的零售权授予这些人。继堀氏之后，松平忠雄进驻至此，于1614年（庆长十九年）在高田筑城，田端町也被分成了上下两部分。之后，酒井家次改封至此，于1617年（元和三年）在上田端町实施每月两天的课役。至1669年（宽文九年）松平光长成为藩主时，上田端、下田端各四家，共有八家鱼类批发商获得经营权。这八家批发商可以轮流垄断两町鱼类市场长达半个月。

这样一来，高田藩通过保护鱼类批发商的方式，不仅保障了御用鱼肉的供应，还控制了领地内的鱼类流通市场。不仅限于鱼类，随着领地内流通商品种类的增加，这种管控措施也应用到了其他方面。

据说城下町的人口与大名的石高成正比。除江户外，五万石以上的城下町只有金泽、名古屋、鹿儿岛等地，一两万石左右的城下町占比较多。这也说明城下町的商品流通是有局限性的。除大名的城下町外，还有上级家臣的小城下町以及代官住宅附近形成的市场町等。从本质上来看,这些町的性质与一般的城下町是一样的。

在乡町的发展

但是在大阪周边的发达地带，町的发展呈现出不同趋势。早在16世纪，摄津、河内、和泉等国每隔一、二里建一在乡町[90]。其中有很多是本愿寺颇具实力的门徒营建的寺内町。

富田林便是其中之一。宽永（1624—1643）末年，富田林的町民构成分为三个阶层，分别为有“八人众”之称的门阀商人、富裕商人、地主组成的上层町民，自耕农、中小工商业者组成的中层町民，以及租住房子的下层町民。门阀町人中担任年寄的町人经常与一般居民发生争执。包括八人众在内的颇具实力的商人大多为本百姓，他们同时还是在外地做买卖的批发商。租住房子的町人占总町民比重较高也是一大特点。匠人中染匠比例较高，这与附近地区棉花工业的发展不无关系。

以富田林为代表的平野乡、天王寺、住吉、堺、贝冢等在乡町均具有类似结构，彼此之间的联系也在逐渐加深。正是在这一有利背景下，大阪终于在元禄时期成为全国的市场中心。

这种趋势也可见于濑户内海的制盐业中心地带。安艺贺茂郡竹原下市就是一例。以竹原盐为代表的濑户内海沿岸制盐业自江户初期起便颇为繁荣，有“下盐”之称的濑户内海产盐也导致日本局部地区的盐业日渐衰微。

竹原盐与上总九十九里滨的沙丁鱼干产业的关系，体现了跨境商业的发展模式。九十九里滨自江户初期以来便是沙丁鱼的渔场和沙丁鱼干的产地，上方地区的渔民经常到此谋生，而上方本地的渔民则主要从事制盐业。然而，随着畿内[91]棉花种植产业的发展，作为肥料的沙丁鱼干需求量增大，很多人不再从事制盐业，转而投身沙丁鱼干的生产。与此同时，临近的农村还出现了跨境商人，他们用卖沙丁鱼干赚来的钱采购竹原盐和棉纺旧衣物进行倒卖。也就是说，西日本商品农业的发展促进了远在关东的九十九里滨的沙丁鱼干的生产，而九十九里滨沙丁鱼干的生产又催生了以竹原盐和棉花交易为媒介的跨境市场。

随着竹原盐成为全国性商品，本来只是农、渔村的竹原下市演变为充满活力的在乡町。庆安年间（1648—1651）至明历年间（1655—1657），新开盐田约六十町步，村中许多有实力的商贾也都参与其中。1670 年（宽文十年），三家盐批发商得到藩的官方经营许可。他们取代旧豪族阶层担任年寄、庄屋等村吏，将大米和银两借贷给附近农村，并利用债务关系，将贫农子弟吸收进自己的盐田经营中，使其成为盐业工人“滨子”。但另一方面，盐市行情变动剧烈，盐田经营者中的破产者不断涌现。1727 年（享保十二年），从事制盐业的有实力的商贾达四十家，但到了 19 世纪初，其中二十三家已经没落转行。在这样的趋势下，到了江户中期，租住房子的下层町民已占到总町民的半数以上，贫民阶层增长明显。

定期集市的发展

不像竹原下市一样拥有全国性商品，只在狭小的区域内进行商品交换的定期集市同样展现出了新的发展趋势。江户初期，农村集市主要是为了满足农民采购日用品的需要，流通圈较小。这样一来，相邻的集市便很容易在开市日期的问题上发生争执。

在幕府代官的命令下，武藏多摩郡青梅村集市于1673年（延宝元年）变为每月开市六次，这样的集市被称为“六斋市”。新集市的扩张难免影响相邻的新町村集市。新町村向代官所提出申请，要求关停青梅新集市。对此，幕府采取了保护既有集市的方针，将两个集市合并为每月开市六次的集市，以此废除了青梅新集市。但是，青梅集市始终没有放弃新开集市的决心，并最终成功使幕府认可了六斋市的既有集市地位。

信州地区在善光寺的寺庙集市问题上同样出现了纠纷。江户初期，在大门町商人的争取下，寺庙集市每月十二次开市中的六次被安排在了大门町。这一做法引来其他町的强烈不满。原本，集市多交易木柴、盐、谷物、棉布等商品。但到了江户中期，棉花成为重要商品，附近各村想要开设棉花集市，这导致寺庙集市与善光寺集市屡生争执。商品流通的发展使得市场范围由町扩展至农村，与此同时，町的特权商人与农村的新兴商人之间的对立也随之产生。

三、江户和大阪

江户的发展

在江户时代，联结江户和大阪的南海路既是最早开通的商品流通路径，又是最重要的交通干线。大阪作为“天下厨房”成为全国市场的中心，与之相对，江户作为将军脚下的区域，拥有参勤交代制度带来的庞大武士群体，并以此成长为大型消费城市和大阪商业的最大顾客。

在德川氏还是一介大名时，江户只是一座城下町。随着德川氏统一日本全国，江户也得到了迅速的发展。不过宽永年间，江户城与各藩城下町在结构上并没有什么特别的不同。在围绕着江户城堡和城堡西侧城区的城郭内，坐落着御三家及谱代重臣的府邸群。在城郭内侧的城墙脚下，普通大名的府邸鳞次栉比排列开来。町人町全部位于城墙外侧，被包围在武家町中。

1657 年（明历三年），在一场大火下，江户城中近 55% 的市区化为焦土，死亡 10.8 万余人。城中壮丽的天守阁被烧毁，此后再也没有重修起来。以此次大火为契机，幕府对江户市区进行了大规模改建，更换大名和旗本的宅邸、改迁神社和佛寺、赐给大名避难用的郊外宅邸、修建用于防火和避难的宽路等等。在这些措施下，江户市区面目一新，行政区划也随之发生了变化。原本由代官统治的町以及寺庙、神社的“门前町”（在寺院门前形成的城镇）成为町奉行的统治区域。至延享年间（1744—1747），江户町数达 1 678 个，是此前“大江户八百八町”的近两倍。

可以说，到了 18 世纪上半叶，大江户的轮廓已经基本确定下来。与此同时，江户城的内部结构也发生了较大变化。武士

江户时代主要城市人口

地 名	人口（除武士人口）	调查年度	地名	人口（除武士人口）	调查年度
京 都	577 548	1681	巴 黎	500 000	17 世纪末
江 户	501 394	1721	伦敦	460 000	1661
大 阪	351 708	1703	阿姆斯特丹	300 000	1650
金 泽	68 636	1697	维也纳	130 000	17 世纪末
长 崎	64 523	1696	柏林	61 000	1710
名古屋	63 734	1692	——	——	——
堺	63 706	1695	——	——	——
鹿儿岛	56 355	1789–1800	——	——	——

地内的“町屋”（商人住宅）被拆迁、整顿，江户城内的武士宅院也被迁至城外，江户城变成了由将军府和政厅占据的名副其实的“幕府城”。另外，外护城河内侧的町人町保持原样，外侧则以佛寺、神社以及大名宅邸为中心新建町人町，城市规划呈现出极不规则的形状。这表明，拥有了巨大城市面积和人口的江户已经无法在其外缘部分维持原有的城下町结构。而且，巨大城区中约六成土地为武士用地，寺庙、神社以及町人用地仅各占两成。到了 1724 年（享保九年），町人人口达到 46.4 万，据此推测武士人口约为 50 万，共计 100 万人左右。江户城已经成为当时世界上人口最多的城市。

江户商业的性质

江户虽然是当时世界上人口最多的城市，但其封建城市、城下町的性质并没有改变。因此,江户的商业也未能实现质的飞跃。

开创江户城的町人是来自三河、远江地区的棉花、木材、石材商人，紧随其后的是近江、伊势、京都、大阪的商人。这说明江户的商业与周边町、农村的商业没有实现联结，江户的商业完全是由跨境商人发展起来的。

除此之外，京都、大阪两地出身，担任代官的豪商也为江户幕府的创立立下功劳。他们或成为幕吏，或走向没落。其中，茶屋氏成为将军、御三家的御用吴服师（裁缝），后藤氏成为金座、银座的长官（分别称“御金改役”“御银改役”），统治座中町人。作为侍奉幕府的酬劳，幕府赋予两家诸多权利，保障其特权地位。茶屋氏可以剃头、带刀、随意出入江户城，“身份既非武士，亦非商”(《茶屋小四郎家谱》)，世代担负幕府情报机构的职责。因此，三井氏等新兴商人对其评价为“原本非商”(《町人考见录》)。

除茶屋氏、后藤氏等御用商人外，普通商人中最早建立行会组织的是木材商人。

近江、伊势、京都、大阪商人来到江户开店，将畿内地区、关西诸国乃至日本东北地区的稀缺产品运到江户，推动江户商业的发展。这与南海路以及联结江户和奥羽的航路开通不无关系。

特别是在东回航航路与西回航航路开通后，大阪的全国市场地位得到强化，与江户的联系也更加密切。从大阪运往江户的商品种类越发丰富，有大米、味噌、薪炭、盐、酒、酱油、油、棉花、日用百货等等。

1694年（元禄七年）结成的“十组问屋”是江户十家货主组成的行会。大阪的中介批发商也相应组成行会。至天明年间（1781—1788），这一行会改称“二十四组问屋”，作为“株仲间”（垄断性行会）得到官方认可。无论行业种类还是交易量，十组问屋都无法与二十四组问屋相提并论，而且前者还常常向后者过度举债。

代表高利贷资本的是从事金、银、钱三货交易的兑换商。在这一点上无论是兑换商的人数还是资本规模，江户都逊于大阪。各藩为销售年贡米和稀缺产品而设立的官方仓库也属大阪最多。为各藩代销官方仓库产品的商人称作“藏元”，管理代销收入的商人称为“挂屋”，挂屋贷给各藩大名的巨额“大名贷”，就连给旗本、御家人放高利贷的江户“札差”[92]都自愧不如。

江户町人的气质

茶屋氏、后藤氏等特权门阀町人，以及以纪国屋文左卫门、奈良屋茂左卫门为代表的投机木材商人是典型的江户商人。这些商人靠幕府改铸货币措施和土木工程偶然积聚起财富，但又因幕府临时改变财政方针而遭受巨大冲击，这并非什么稀奇之事。

“元禄、宝永年间，烟柳巷繁荣至极，昼如极乐世界，夜如龙宫之界”（《我衣》），江户吉原的勾栏妓院靠武士及其御用商人、承包商繁荣起来。井原西鹤评价“江户是人心不足之地，（江户人）不懂为日后做打算”（《日本永代藏》）。这与大阪商人对江户人的谩骂相通，大阪商人称“江户人如小儿，愚蠢天真，甚为幼稚，不懂理财”（《升小谈》）。

橱窗中的妓女，《风俗图绘卷》，菱川师宣

妓女们坐在格子窗后，此为元禄年间。

众所周知，以“江户儿”自居的江户匠人挥金如土，以“钱不过夜，花完了事”为傲。从侧面来看，这也是他们收入不稳定的一种表现。匠人师傅为了揽活出入武士住宅和各店铺，这一惯例也说明他们是从属于商人的。虽然每逢大火、狂风时，匠人有要求涨工钱的资本，但平日里匠人还是唉声叹气，“哎，日长难熬，修修工具、抽抽烟，就是没活儿干。揽个好活儿，赚个盆满钵满，那才好哩”（《士农工商心得草》）。住在武士城中的匠人慢慢被武士不爱攒钱的观念同化，产生一种倒错心理，想在铺张浪费上与武士比个高下。

伊势商店的制度

江户商人中也存在新旧势力更迭的现象。天和年间（1681—1683），三井氏经营的越后屋吴服店因采取“一切以现银购买，不报谎价”的新型经营模式和布料零售的方式获得广大顾客的青睐。三井氏和诚信可靠的伊势商人等新兴商人，与金银座商人、吴服师、丝割符商人等门阀商人形成激烈对抗。至 18 世纪前后，门阀商人的经营状况明显恶化。从大背景来看，江户周边农村的经济发展与江户新兴商业的结合，是促成该变化的原因之一。伊势商人虽然被其他地方的商人辱骂为“近江小偷”“伊势乞丐”，但正像那句顺口溜所说，“江户的特产、伊势商店、稻荷和狗粪”[93]，伊势商人的商业活动颇为活跃，江户甚至有一半的町都挂着伊势商店出售的暖帘。

特别是在江户大传马町做棉花批发生意的伊势商店，这些商店代表了江户商业最为诚信的一面。德川家康入主关东时，跟随传马役来到关东的三河、远江棉花商人以传马宿为根据地，开始在市内贩卖棉花。其中，久须木、赤冢、久保寺、富屋四家以“四轩问屋”崭露头角。

正是在这一阶段，伊势松阪等地的伊势商人来到江户发展，并在 1686 年（贞享三年）集结包括四轩问屋在内的七十四轩店铺，结成大传马町组棉布批发商行会。在这一点上，伊势商人与三井氏是截然相反的。三井氏以越后屋吴服店起步，至江户中期开始担任幕府财产的御用兑换商。依仗这一特权，三井氏

越后屋吴服店

骏河町越后屋吴服店店内景象。

逐渐成长为江户、大阪、京都三地最具实力的货币兑换商。不过，三井氏的特权地位仍然不如之前的茶屋氏、后藤氏那样强大。

伊势商店后来专门经营棉花生意，并采取更为可靠的资本、经营分离的营业模式。除所需经费外，分家（分店）要将全部年利润上交松阪本家（总店），本家再以借款的方式，将下一年度的经营资金分给江户的分家。虽然同族不断开设分家，但无论本家、分家，户主都不直接参与经营，即便是松阪的户主也只专门负责资金的运营，江户的经营一律交给管理分家的掌柜。比起增加资本，伊势商人将保护资本的消极经营方式作为自己的金科玉律，而这也是应对封建时代各种商业危机的最佳选择。

以今天的眼光来看，伊势商店采取的具有封建社会性质的“奉公人制度”颇为奇怪。只有来自伊势的人才能成为奉公人。被称为“宰领”的掌柜带着这些十一二岁、希望成为伊势商店奉公人的孩子来到江户当学徒。在还是“子供师”（“子供众”一词的讹音，指学徒的初始阶段）时，学徒只能在店内干杂活。到了第三年，学徒开始负责店内诸多工具的清点工作，称“诸道具役”。第四年时，学徒可成为“子供头”。度过了五年的小工阶段，学徒便可成为“若众”（年轻伙计，又称“二才众”）。元服后，学徒便可以结成人发髻。

成为若众的学徒需要负责存货的出纳，只要少一反[94]，即便五天七天不睡觉也必须找到。若众进店的第八年时有三个月的假期可返乡省亲，这也标志着第一阶段的学徒生涯结束。第一阶段结束后，被允许回到店内工作的学徒可成为正式店员。再过六年，店员可以有第二次返乡省亲的机会。

在此期间，很多学徒因辛苦而中途放弃。最终，二十人里只有一两个人能留在店里。经过第二阶段的六年店员生涯后，只有有才能的人才被允许回到店内，成为“番头格”（掌柜级别），此时距离首次进店已过去十八个年头。番头格中，资历最老的人将担任采购主管。经过三四年的番头格生涯后，便可成为“新隐居”[95]。再过六七年，新隐居可娶妻生子，但必须把妻子留在家乡，而且必须每隔一年到店内工作，才能成为“隐居”（从工作职位退隐下来的人），这些人中将有人被选为掌柜。

江户时代，掌柜从本家借来本钱，再加上店内的留存资本来运营店铺，每半年分一次红。虽然规定 60 岁退休，但退休后仍可作为“别家”（从本家中新立的一家）出入“主家”。伊势商店在江户的分家没有一丝女人气息，从做饭到家务，全由男伙计负责，因此店内生活索然寡味、毫无情趣。由于店员最早只能 40 岁左右娶妻，因此吉原便成了他们宣泄情欲的场所。分家有指定的“引手茶屋”（专门介绍妓女的茶馆），可以用店里的钱作为寻花问柳的开支。不过，除了掌柜、隐居外，其他店员必须在晚上八点前回到店里。除此之外，伙计们还要在日常生活中受到各方面的限制。以今天的眼光来看，店里这种封建主从关系和家父长制度下的统治关系，无疑是压抑和黑暗的。

大阪的发展

素有“天下厨房”之称的大阪在城市性质方面与江户存在明显不同。大阪地处联结东、西日本的海陆要地，彼时的全国最高统治者丰臣秀吉将大阪作为根据地，很早便开始在此处集散物资。最重要的是，大阪还以商品生产高度发达的近畿诸国为依靠，这些都是大阪从本愿寺的寺内町发展成为大城市的有利条件。在这一点上，大阪与古老的政治都市京都别无二致。除大米外，近畿地区的商品农业发展自江户初期便颇为繁盛，种植有蔬菜、水果、棉花、麻、蓼蓝、烟草、菜籽、茶叶等以大城市为消费对象的农作物。以摄津、河内、和泉、大和为中心的棉花种植产业的发展尤为迅猛。

至元禄、享保年间，上述诸国大约有 20% 的水田用作棉花的种植。当时的棉花价格高于大米，虽然种植棉花需要花费大约两倍的肥料和劳动力，但只要不歉收，种植棉花还是要比水稻划算得多。而且这些地区普遍采取多样、立体的耕作模式。水田除了种植棉花和水稻之外，还复种麦类、菜籽，旱田则种植蓼蓝、茶叶、烟草、蔬菜等作物。当然，在商品生产中获利最大的还是上层“高持百姓”（即本百姓），土地在一町以下的“门屋百姓”（寄居在主家门屋中的贫苦农民）、水吞百姓等半自耕农在缴纳地租后，自留收入所剩无几。无地的水吞阶层大幅增加是元禄年间畿内地区农村的主要特征。他们沦为佃农或短工，送子弟到地主或富农家做一年的长工。不过同样是长工，只有上层高持百姓家的长工才有机会到堺、大阪等城市商家做工。

这样一来，大阪周边的畿内商品生产地带的农民，不论地主还是贫农，都养成了极其敏锐的商业嗅觉，有不少生产技术的进步也来自他们的发明创意，这些创意还顺利成为他们致富的手段。在井原西鹤《日本永代藏》卷五中，大和国一个名叫川端九介的农民发明、改良了铁耙、千齿、千石通（又名“唐箕”，即风力选谷机）、唐弓（又名“棉打弓”，弹棉花的工具）等多种农具，并以此成为“大和人尽皆知的棉花商”，三十多年间积累银钱千贯。这一故事就是当时社会现实的文学性表现。*

*1697 年（元禄十年），宫崎安贞讲述发达地区的农业技术，特别是经济作物种植方法的《农业全书》出版。此书即是该社会背景下的产物。

大阪商业的性质

至 1703 年（元禄十六年），大阪人口增至 35.1 万。以中之岛新兴批发商业街为中心的大阪呈现出繁荣的商业景象。

从事生产、经营，一手推动元禄年间繁荣盛况的大阪商人，与自大阪初创以来担任总年寄、町年寄等职的门阀町人并非出自一系。井原西鹤在《日本永代藏》中指出：“总体而言，大阪有能力的町人不能保证代代如此。众人到最后只有吉藏、三助一夜暴富……这些商人都是大和、河内、摄津、和泉附近的手工业者的儿子……他们依靠天生的毅力成为富翁。”井原西鹤还讲道，“近代商人不过是近三十年才出现的”。作为实例，他列举了鸿池、住友等当时的豪商。

1619 年（元和五年）大阪总年寄创设之初，“大阪三乡”（江户时代位于大阪城下的三个町组的总称，分别为北组、南组、天满组）的总年寄共有 21 人。到了 1703 年（元禄十六年），该数字减少到 16 人，堺等地也是如此。在门阀商人中，顺应新的经济发展趋势，转型成为藏元、批发商的案例并非没有，但从整体来看，这并不能掩盖门阀商人已然没落的事实。

元禄时期，近畿地区的农村和在乡町的发展不但使大阪商业资本内部发生势力更迭，同时还将大阪推上了“天下厨房”的位置。

1714 年（正德四年），日本全国运往大阪的商品有 119 种，银两达 286 561 贯。特别是最大宗的大米，每年约有 400 万俵大米在大阪兑换成现金。

由于交易活跃，大阪堂岛市场还出现了投机性的期货交易，这使得大米以外的很多商品领域也开始流通期票。投机商们利用地区间的价差积蓄资本，藏元、挂屋、货币兑换商用这些资本发放大名贷，或给商人和农村放高利贷。1704 年（宝永元年），货币兑换商鸿池将资本投放在自己开发的河内大和川流域的新田开发上。除鸿池外，其他豪商也是如此。这样一来，具有“寄生地主”[96]性质的豪商越来越多。

正德年间（1711—1715）的大阪町人中，各类批发商有5 655人，买卖中介有8 765人，各行生意人有2 343人，各行手艺人有9 983人，城代的承办商有481人，各藩的承办商有483人。可见，大阪町人的核心势力是批发商、买卖中介、金融业者等典型商业高利贷资本。他们从全国商品流通中攫取利润，是最像商人的商人，因此得名“天下町人”（《日本永代藏》）。

大阪町人的气质

在规矩、礼仪方面，大阪的新兴町人与有诸多讲究的武士不同，他们“不拘泥于俗世道理，仅以金银为家系图”（《日本永代藏》）。大阪町人在这一信条下，秉持智慧、才智、诚信、节约的处世原则，通过“舍弃虚荣，辛勤劳动，以此货殖”（《梦之代》）的经营之道积蓄财富。在这一过程中，大阪町人甚至产生了“主人是人，下人也是人”（《当流小栗判官》）、“武士不高贵，商人不低贱，贵在胸中物”（《夕雾阿波鸣门》）等人人平等的观念。这与江户町人所说的“插着两把刀的真可怕，难道要吃田乐吗?”[97]有异曲同工之妙。江户儿住在将军脚下，天生就有一种优越感，有瞧不起地方人的排外倾向。而这种倾向在大阪人身上是很少见的。

町人的家族关系

町人的家族关系也与武士有所不同。“货殖”是町人之道，维护家业和家产的安全是一家之长的义务，其他家庭成员、仆人必须服从这一至高无上的原则。虽然，町人没有理由的休妻现象较为普遍，对妻子通奸的惩罚也很严厉，江户初期的幕府法律甚至规定，妻子通奸将被绑在柱子上用矛刺死，但是如果离婚的话，嫁妆、衣物不但要还给妻子，而且妻子再婚也不会背上不义的骂名。如果后嗣夭折，财产则全部归母亲所有。这样看来，町人妻子的地位要高于武士的妻子。武士重视礼节，严格遵守、要求夫妇间的尊卑之别。而町人则会毫无顾忌地公开表明夫妇之情：“疼爱老婆既不吃亏，也不丢人。”(《萨摩歌》)町人的妻子与农民的妻子一样协助丈夫维护家业，她们付出的劳动也相应地提高了她们的地位。另外在町人社会中，以孝为第一要义的封建道德也没能发挥其巨大的影响力。

结成行会

新兴的工商业者为了保障营业利润，很早便结成了行会。幕府起初并不认可这些组织。1657年（明历三年）的大火后，幕府立刻将其认定为“一味同心”[98]，禁止了这些行会的活动。

这是因为，通过町年寄、名主等町吏来掌控生活必需品的数量和价格是江户幕府的既定方针，而这些行会违背了这一方针。

但是到了 1651 年（庆安四年），幕府开始向澡堂、梳头店颁发“鉴札”（营业许可）。宽文年间，大阪也开始承认“三所棉花批发商”“三乡棉花批发商”等行会。此时，幕府的方针从单纯的打压，转变为利用这些行会来管理市场。1721 年（享保六年），幕府下令“诸商人、诸匠人确立行会，共同商讨月行事（当月执事人）事宜”（《德川禁令考》）。不但允许行会的存在，幕府还让行会取代町吏，编制商品市价总目、调查商品种类等。

幕府就这样利用行会的功能开始管控全国市场，行会商人也在幕府的保护下垄断原料和产品的采购、销售渠道，占据新的特权地位。

第五章　元禄时代

吉原的厨房，菱川师宣

一、“犬公方”[99]政治

侧用人政治的出现

由上文可知，17 世纪下半叶，日本农村经济繁荣，城市蓬勃发展。以此为背景，元禄时代的政治与文化也拉开了序幕。此时是幕藩体制确立后，局势相对稳定的阶段。

江户幕府第五代将军德川纲吉对儒学的痴迷已经达到了疯狂的程度。他建立汤岛圣堂[100]，任命林信笃为大学头，将朱子学定为官方意识形态。这些事实表明，作为全国统治者的幕府将军想从朱子学中寻找理论依据，使将军亲政体制合理化。他取缔异样习俗，屡次处罚御家人和町人中的倾奇者直至彻底根绝。这显示出了德川纲吉一改日本战国遗风，基于儒家理性规范确立身份等级秩序的决心。同时这也意味着武断政治向文治政治的转型。

然而，要想确立将军的亲政体制，仅仅依靠儒家思想的力量还远远不够。德川纲吉在位时，被没收领地的大名达二十余家、旗本百余家，石高总计 140 万石。德川纲吉这样做的目的是防止某一族或谱代大名垄断幕政。他将前朝权臣大老酒井忠清驱逐出幕政就是证明。在德川纲吉一代，幕府直辖地被固定在 400 万石左右，这与淘汰大名不无关联。

将军加强专制权力同时又是以封建官僚制度的建立为基础的。自从 1684 年（贞享元年）代替酒井忠清成为大老的堀田正俊在江户城内被若年寄稻叶正休暗杀后，大老、老中的办公地点“御用部屋”便被搬到了距离将军住处较远的地方。因此有人认为，这便是在将军和老中间传话的“侧用人”势力增强的原因。实际上，这只是其中的一个原因。无论是首位侧用人牧野成贞，还是其后的柳泽吉保，他们都是在德川纲吉还是馆林藩主时便充当其近臣，后来又一起晋升为大名的。特别是柳泽吉保，他甚至从老中级别晋升到了大老级别。

柳泽吉保多才多艺，精通和汉之学，尤其擅长儒学，禅宗造诣颇为深厚，师从北村季吟，以“古今传授”[101]之法学习和歌。其具备的全新官僚资质与以往粗莽的谱代大名迥然不同。在担任甲府藩主时，柳泽吉保同儿子柳泽吉里一道殖产兴业，将“郡内织”[102]的技术推广至国中平原（位于今新潟县佐渡岛中部），在各地建造堰坝用于灌溉。时至今日，当地仍树有纪念碑赞颂其功德。

不过，无论是牧野成贞还是柳泽吉保，他们既非出自门阀，也非世家门第，均属于一步登天的新贵。他们完全倚仗将军对他们的个人信任，因此极尽迎合将军之能事，频繁邀请将军到自己家中，甚至奉上妻妾，私下款待将军，博得将军的欢心。

德川纲吉执政初期被称为“天和之治”。在这段时期，德川纲吉致力于将儒家的礼乐思想运用到政治实践中。不过，这样的举措也使得时局颇为紧张。全国各地树立忠孝布告牌以表彰孝子、节妇就是证明。与此同时，力倡俭约，禁止超越封建身份等级的奢靡之风，也是受到儒家反享乐思想的影响。与京都富商之妻攀比穿着打扮的江户町人石川六兵卫之妻，因身着华服观看德川纲吉的仪仗队而被治罪，石川六兵卫也因此被没收财产。这个故事就发生在这一时期。

《生类怜悯令》

但是，1687 年（贞享四年）德川纲吉颁布的《生类怜悯令》使文治政治失去理性，走上暴政之路。

德川纲吉的生母桂昌院出身寒门，从卖菜家的姑娘攀上枝头变凤凰。桂昌院虔信佛教，据说护持院住持隆光曾进言称，将军属狗却不怜悯生类，特别是不爱狗，因此才无子嗣。桂昌院听信谗言，劝将军要怜悯生类，于是便有了《生类怜悯令》。顺便提一句，不知是何因缘，牧野成贞和柳泽吉保也都属狗，他们与德川纲吉被世人并称“三狗”。

《生类怜悯令》的初衷本是在政治上彰显佛教慈悲，教化人心。但是在专制统治下，该法令逐渐蒙上迷信色彩，让暴官和酷吏有了“用武之地”。

幕府要求百姓上交养狗说明，领取养育金；下令爱惜小狗，遛小狗时要带上大狗；狗打架时，要泼水分开它们，避免狗受伤；如果受伤，必须找兽医医治；若杀伤鸟兽犬类，则处以死刑或流放远岛、投狱。很多民众也因此受罚。这样一来，人人都嫌养狗麻烦，江户市内的野狗数量随之剧增。幕府在中野拨 16 万坪、在大久保拨 2.5 万坪土地修建犬舍，收容 48 700 余只野狗，以 10 只狗每天 3 升白米、500 匁味噌、1 升沙丁鱼干的消耗量供养这些野狗。犬舍还设有奉行及以下诸役，悉心照料着这些“御犬大人”。幕府还要征收特别税，让百姓来承担养狗的费用（幕府领地的农民按照土地石高，每 100 石征收 1 石；江户町人按照房屋正面的宽度，每 1 间征收金 3 分）。对于民众来说，这无异于雪上加霜。幕府官员惮于德川纲吉的偏执，几乎无人上谏。*

*1698 年（元禄十一年），画家英一蝶因其画作《浅妻船》讽刺德川纲吉的独断专行而被流放远岛。

幕府财政的恶化

在此期间，幕府的财政状况急剧恶化。据说明历大火后，仅江户城重建就花费了大约 100 万两。再加上此时金银不断外流，德川纲吉、桂昌院大肆挥霍，幕府的财政情况首次出现严重失衡。德川纲吉曾两次计划按照惯例参拜日光东照宫（德川家康的灵庙），但都未能实现。幕府表面称这是体恤人民，不愿加重百姓之疲敝，但实际上是因为幕府拿不出这笔钱。

幕府禁止町人承包新田，同时又废除禁止豢养谱代家臣和下人的禁令。随着小农的独立，充满奴隶制色彩的谱代奉公制度开始崩溃，建立在无偿劳动基础上的传统地主经营模式难以为继。而幕府以上措施，就是为了扼制这一事态。在 1694 年（元禄七年）的检地条目中，不仅水、旱田的等级被提升，就连此前被排除在征税范围之外的荒地、湿地都规定了税率，这是幕府加强剥削力度的最好体现。幕府为了弥补财源空缺，还以箔运上税、酒运上税等各种名目课征杂税，从不断发展的商品生产中攫取利益。

自江户初期以来，旗本、御家人的贫困愈加严重，因此幕府将旗本、御家人始于德川家纲时期的役酬加进他们的基本工资中，允许他们向幕府贷款。另一方面，幕府将俸禄在五百俵（150 石）以上的藏米取恢复为知行取。这样做的目的是为了减轻幕府负担，将部分负担转嫁给农民。

铸造恶币

一改庆长年间以来的良币政策，大量铸造恶币也发生在这一时期。幕府经济政策的直接负责人是从“勘定所”（负责会计事务的机构）的小吏被提拔起来的勘定奉行荻原重秀。荻原重秀虽算得上是能吏，但他又是典型的封建官僚，满脑子想的只是如何确立幕府财政、中饱私囊。

1695 年（元禄八年），幕府开始铸造金银恶币。究其原因，自宽文年间以来，金银产量下降，通过购入灰吹银（铸币的原料）的方式来牟利的金银座町人收入下降，因此他们极力撺掇荻原重秀铸造恶币，从中牟取利益。

在元禄至宝永年间（1704—1710）不断滥发恶币的过程中，幕府牟利约 500 万两，荻原重秀受贿 26 万两，金银座町人也通过增加“步一高”（按比例抽取的铸币酬劳）来牟取法外利益。同时，幕府利用下发铸钱许可的方式来救济没落的丝割符商人。获得许可的丝割符商人通过铸造劣质的十文钱大发横财。由于恶币大量流通，物价飞涨，经济领域混乱不堪，普通民众自不消说，就连家臣集团也日渐贫困。1707 年（宝永四年）富士山喷发之际，幕府以灾后重建为由，向幕府领地、私有领地征收共计 46 万两。实际上，用于赈灾的款项只有五六万两，其余 40 余万两全被用作幕府的日常开销。

元禄至宝永年间，除富士山喷发外，关东大地震、江户大火等天灾地变接连不断，当时的人们都认为这与幕府的恶政有密切的联系。1709年（宝永六年），德川纲吉去世前夕社会急剧动荡，许多狂歌、打油诗流传于世，《宝永落书》中就有这样一首数数歌——“六啊六，天大的运上（税）被收走，百姓的好日子快来喽！”

值得一提的是，德川纲吉去世前还给德川家宣留下遗言：“若能使《生类怜悯令》延续百年，便是对为父的最大孝心。除此之外，我亦别无他求。”

二、元禄之风

从“忧世”到“浮世”

正如上文所述，元禄时代的政治一方面显示出过渡时期的矛盾和混乱，另一方面又在儒家理性道德意识的基础上建立起身份等级社会，并以此为自己的建设方向。这一点在被称为“元禄之风”的时代精神中有明显体现。

首先，从厌世的世界观“忧世”向明快的现世世界观“浮世”的转变，就是最好的体现。“前途莫测。闷闷不乐、思前想后，只会坏了心情。只管顺势而为，看那月、雪、花、红叶，对酒当歌，陶醉其中，聊以自慰，就连眼前的贫穷也不再是苦了……这就叫‘浮世’。”（《浮世物语》，浅井了意作）虽然此时仍然弥漫着“一晌贪欢”的享乐主义，但至少世人睁开了正视人生的眼睛。

这样的世界观在顺应农村和城市发展的京阪（京都和大阪）新兴町人中尤为强烈也是自然之事。因此，与传统文化的冲突也只能依靠这些人来解决。统一日本的将军及其身边新兴大名、豪商所散发出来的一往无前的气魄，就蕴藏在桃山文化[103]之中。即便到了江户时代的宽永年间，这种气魄仍具有强大的生命力。所谓宽永文化，是对传统文化的一种继承。这种传统文化是以依附于幕藩权力的贵族、大名、僧侣、御用学者以及门阀町人为中心创造的，因此其中心依然在京都。这些人包括以洛外（“洛”指京城）鹰峰的工艺家本阿弥光悦为核心的中院通胜、茶屋四郎次郎、角仓素庵、京都所司代板仓胜重等人，以洛南桂地区的智仁亲王的桂离宫为中心的崇传、海北友松、小堀远州等人，以男山八幡的社僧[104]松花堂昭乘为中心的中院通村、乌丸光广、泽庵、林罗山、淀屋个庵等人。

可以说，这就是一张以德川家康为中心的政界人物图。有观点认为，这张人物图也是文化领域的代表人物图。这说明在这一阶段，日本的传统文化仍被权力阶层垄断。这些人的身边充斥着舶来的珍奇豪华的器具和纺织品，沉醉在茶道、能乐[105]、和歌、连歌的乐趣中，推崇古道、刊行典籍……这种带有沙龙性质的氛围中有很强的脱离尘世、附庸风雅的倾向。至少要等到新旧势力更迭之后，城市町人才会成为新文化的挑夫。

文化的新气象

文化的新风吹进各个领域，其中一个表现是宽永年间，假名草子[106]取代御伽草子[107]流行开来。随着商品流通和交通的发展，新兴商人开始关注具有实用价值的各藩地方志。另外，沉迷男色已成了当时武士和町人的公开习俗，各城市的勾栏妓院成了性解放的好去处。在这一背景下，《见闻集》《名所记》《游里评判记》《男色物》等作品相继问世。

到了元禄年间，该倾向又与《重宝记》的流行联系在一起。《重宝记》汇集了民众日常生活中的必要常识，它的流行使得出版界盛况空前，1670 年（宽文十年）至 1692 年（元禄五年）的书籍出版量是之前的两倍还要多。其中，以假名书写的书籍的增加明显要多于儒学和佛教书籍。出版的繁荣直接受益于木版印刷术的进步，不过藩校、寺子屋[108]等教育机构的普及也是重要条件之一。假名草子的内容虽仍然存在较强的佛教因果观念，但这些内容已经开始显现出追求现世幸福、及时行乐的倾向，为之后浮世草子的出现打下重要基础。

文禄、庆长年间（1592—1614），继承说唱故事[109]的净琉璃物语与三味线、木偶戏相结合，衍生出一种新的戏剧文学。这种新的戏剧文学因其具有与能乐正相反的夸张表演和伴奏而在城市、农村中迅速流行开来。

歌舞伎原本是神社祭祀时，由巫女等人表演的歌舞。后来，歌舞伎开始效仿猿乐，加入模仿的元素，逐渐贴近戏剧。同时，町人以独特的风俗习惯创作的风流舞、倾奇舞也影响了歌舞伎的发展。出云大社的巫女阿国曾女扮男装，与男扮女装的男演员上演充满性意味的表演，赢得满堂喝彩。不久之后，这种游女歌舞伎流行开来。但是在幕府整顿不良风俗的过程中，这种表演形式被禁止，只有男性表演的“若众歌舞伎”代之兴起。若众歌舞伎同样被幕府禁止后，这种表演形式便发展成了演员需剃掉前额头发的“野郎歌舞伎”，表演的主要内容也变成了模仿式的狂言。

经过上述过程，至元禄年间，江户的初代市川团十郎吸收了金平净琉璃[110]的表演和倾奇者的做派，创造了荒事；大阪的岚三右卫门和初代坂田藤十郎加强了歌舞伎的写实性，创作了以寻花问柳和恋爱为主要题材的“和事”。初代市川团十郎的父亲是江户町人，也是一名倾奇者，绰号“菰之重藏”[111]。初代市川团十郎从小生活在杀伐的环境中，这种生活环境恰恰为他提高艺术境界提供了帮助。与此同时，这样的成长经历也使他难逃丧命舞台的厄运。[112]可见，元禄之风中尚古、粗蛮的一面被当时各种表演形式展现得淋漓尽致。

此时的风俗画多由狩野派、土佐派[113]的画师创作而成。创作的题材虽是市井风俗和日常生活，但其中已经展现出了新的风尚。但是，菱川师宣首创的浮世绘与此不同，是真真正正的元禄之风的产物。浮世绘不仅画美艳的若众和优美的女子，还以生动灵巧、丝毫没有颓废之感的简洁笔法刻画百姓劳作时的样子。而且浮世绘不仅由画师亲笔画成，为了满足民众的需求，能够大量产出、具有划时代意义的木版画也在此时应运而生。相传画师俵屋宗达出身于京都豪商之家，其装饰画中的古典元素被画师尾形光琳完全去除，取而代之的是跃然纸上的豪华、绚烂之色调。而这样的画风也正符合此时的时代风向。*

* 在工艺品方面，深受浮世绘影响的横谷宗珉的町雕，取代了刀剑装饰的传统豪门后藤家的家雕。在陶瓷器具方面，新技术在各地兴起，酒井田柿右卫门发明的色彩艳丽的彩瓷，以及野野村仁清加入莳绘（日本独特的漆画工艺）元素创造的京烧等都是对传统的叛逆。特别是在染色方面，与元禄窄袖便服联系密切的友禅印花的发明，更是渲染了此时豁达的时代风气。

古学的确立

以上方新兴町人为代表的民众在经济上取得了进步，这也增强了民众在生活观念上追求现世幸福、及时行乐的元素。与此同时，理性主义、实证主义等许多新精神也随之产生。

元禄时期，在孕育民众文化的同一片土地上，另一朵新花——“学问”生根发芽。分别从儒学内部诞生和确立的国学（指日本国学，下同）、古学就是其中的代表。林家的朱子学被认定为幕府官学、占据特权地位后，学问领域本就贫瘠的创造力更加枯竭下去。*

*《政谈》一书写道，人见友元好心劝告林罗山之子林鹅峰：“林家学者疏于经学，不擅讲释，应加以注意。”可林鹅峰听后分外恼火，毫不忌惮地公开表示：“某家自道春（林罗山）以来即为第一御用学者。若真如其所言，林家学问应即刻废弃。”

山鹿素行是最早倡导古学的学者之一。与他同时代的伊藤仁斋认为，朱子学所推崇的《大学》并非孔子所著，而是伪作，因此应从《论语》《孟子》着手研究古学。

生于京都木材商之家、一生未曾出仕的伊藤仁斋在堀河开设家塾古义堂，门人三千，声名远播。他认为宇宙的本体是生成发展、永不停息的“一元气”，反对静止看待事物的朱子学。在道德伦理方面，伊藤仁斋将“仁”归于爱的范畴并加以绝对化。

熊泽蕃山是阳明学者，他批判儒家学者将《源氏物语》《伊势物语》视为淫秽之物，并称赞《诗经》是阐释人情自然的佳作。伊藤仁斋也持相同立场。到了晚年，伊藤仁斋甚至否定了劝善惩恶论。可以说，他们对“感情主义”（主张感情至上）的肯定是京阪町人生活观的映照。但是，伊藤仁斋毕竟是儒学家，他一方面认为道德是客观存在的，另一方面又主张必须用人类的个人修养来消灭道德。伊藤仁斋死后，其子伊藤东涯继承学统，与荻生徂徕的学派形成对抗。

在荻生徂徕的努力下，实用之学古学发展到了积极的经世济民论的高度。荻生徂徕一方面为幕藩体制提供理论依据，另一方面又在不知不觉中为人类的道德解放提供了新方向。在《辩道》等著作中，荻生徂徕认为“道”是圣人所创之道，是从自然界中分离的人类社会之道，具体表现为礼乐刑政。

另外，朱子学中的禁欲学说也在此时被否定，取而代之的是一种近乎快乐论的思想。在论述《诗经》时，荻生徂徕与伊藤仁斋同样认为，这是“古人吐露的忧喜之言”(《徂徕先生答问书》)。这说明，荻生徂徕对感情主义仍然是持肯定态度的。

荻生徂徕认为明道的前提是对古典的考证研究，因此他提倡古文辞学，这一点与主张古义学的伊藤仁斋有所不同。荻生徂徕曾向德川吉宗将军呈上《政谈》一书，认为武士的现状是“旅宿之境涯”，并否定了商人的价值，认为只有当地武士和农民构成的农本社会才是理想的社会。不过，这只是空想罢了，这一观点深刻体现了徂徕学作为经世论的局限性。但是，荻生徂徕与山鹿素行、新井白石等人同样出身浪人之家。他在上总渔村度过的青年时代，以及来到江户寒窗苦读的经历，至少让他睁开眼看到了封建制度的矛盾所在。

国学的诞生

国学诞生的社会基础与古学相同。众所周知，国学在确立过程中深受古学，特别是徂徕学的影响。与汉学相对的“和学”作为日本之学问有其悠久的历史传统。起初，佛教、儒学在道德、训谕方面的解释和附会对和学起着统治性的作用。但临近江户中期，受古学运动的刺激，学界开始呼吁和学独立。这一运动首先在以京阪为中心的地区展开，这一点也反映了时代的要求。下河边长流和契冲就是其中的先驱。

下河边长流与契冲分别著有《万叶集管见》和《万叶代匠记》，他们都主张以文献学的方法研究《万叶集》。究其原因，二条家[114]的歌学拘泥传统窠臼，主张神秘主义。而下河边长流与契冲就是要打破这种神秘主义，获得歌学研究上的自由。同时，江户的户田茂睡出于同样的立场痛批歌学上的传授思想和语言上的诸多限制。这样一来，元禄时代便为日后国学之大成奠定了坚实的基础。

例行节日庆典的形成

元禄时代同时也是仪式活动盛况空前的开端。在这一阶段，民间习俗广泛吸收宫廷古老仪式和以幕府为中心的诸多庆典活

民间主要的节日庆典活动

元旦	一月一日	放置门松、喝屠苏、吃年糕杂煮。
七草节	一月七日	吃七草粥。
节分	立春前日	将沙丁鱼和柊树叶插在门上，撒豆。
初午	二月的第一个午日	在各地稻荷神社举行祭祀活动。
上巳节	三月三日	又称“女儿节”，摆人偶。
彼岸	春分前后三天	参拜佛寺，为先祖牌位上供。
灌佛会	四月八日	释迦牟尼诞辰，向佛像浇甘茶。
端午节	五月五日	又称“菖蒲节”，将菖蒲挂在房檐，树鲤鱼旗，摆武士人偶。
七夕节	七月七日	又称“星祭”，将写着诗歌的色纸或诗笺挂在竹子上。
盂兰盆节	七月十五日	祭祀先祖之灵，跳盂兰盆舞。
重阳节	九月九日	又称“菊花节”，喝菊花酒，吃栗子饭。
彼 岸	秋分前后三天	参拜佛寺，为先祖牌位上供。
亥子祝	十月的第一个亥日	捣亥子糕吃。
除尘	十二月十三日	清扫家中灰尘，为迎接新年做准备。

江户时代使用太阴历。七草节、上巳节、端午节、七夕节和重阳宴被称为“五节”，备受重视。

动。七夕节可以上溯至8世纪。如今的日本会在七夕节这一天，将写着歌或愿望的五色纸条挂在竹子上，这一习俗便源自元禄时代。赏月、立春前夜的撒豆驱魔、女儿节、端午节等节日活动和庆典也是在此时随着农村、城市的繁荣而愈发隆盛。例行节日庆典有鼓舞民众劳作，使其在黑暗的封建社会中得到一丝慰藉的意味。同时，神道、佛教又可借此扎根于民众之间，强有力地影响民众的日常生活。

三、“好色”文学与“义理”文学

井原西鹤的浮世草子

浮世草子的首创者井原西鹤通称“平山藤五”，居于大阪，是家境富裕的町人。他早年丧妻，双目失明的独生女同样早逝。他将家业让与二掌柜，安闲度日，随心所欲。虽未出家，却手挎头陀袋[115]云游四方，半年才回一次家。正如“人情之圣”的称号所示，井原西鹤是通达人情表里、历经世间沧桑之人。与此同时，井原西鹤还是谈林派的俳句作家，这也是他文学创作的起点。

毋庸赘言，自日本中世末期松尾芭蕉确立“正风”（指松尾芭蕉的俳风）后，俳谐才由连歌的起始句独立出来，成为日本封建文学的重要一环。在此之前，从荒木田守武、山崎宗鉴，到松永贞德的贞门派、西山宗因的谈林派，中间经历了漫长的准备过程。以町人自由的视角看待以町人为主的题材，琢磨其中的妙趣和明快的诙谐，另一方面又怎么都逃脱不开文字游戏的束缚，这就是贞门派。与其相比，谈林派不拘泥于俳谐的形式，甚至故意超出字数、破坏押韵来表现理性。这样的形式反而表现出了新兴町人浓厚的生活氛围。松尾芭蕉就曾是谈林派的俳人。

但是，一昼夜两万三千五百句，四秒独吟一句，具有如此气魄的井原西鹤终究不能将满腔的文学热情仅仅诉诸十七个音节的俳句。于是，他转向了散文体的浮世草子。

1682 年（天和二年），井原西鹤的处女作《好色一代男》杀青付梓。直至 1693 年（元禄六年）52 岁的井原西鹤去世时，除真伪不详的作品外，他至少发表了 15 部作品，死后还留下五部遗稿。

浮世草子的作者不只井原西鹤一人。至元禄末年，包括井原西鹤作品在内的浮世草子共刊行 199 种。出版方也不再是江户初期的特权书商，而变成了宽文年间以后出现的新兴书商。可以说，正是以好色本[116]为主的浮世草子，让出版商成为了真正的企业。

浮世草子的主要读者是城市中等阶层以上的町人和近郊富农。当时在大阪周边诸国已经出现了众多地主俳谐沙龙和文化聚会。而这也是浮世草子、《重宝记》之类的文学作品能够成为畅销书的重要基础。

井原西鹤的作品在内容上可分为“好色物”“町人物”“杂话物”三类。对人类爱欲和物欲的赤裸刻画，是贯穿这三类作品的共通主题。“人就是长着手脚的欲望”（《好色一代男》），这是井原西鹤的人生观基调。在井原西鹤的作品中，受到古学和国学肯定的感情主义被更加淋漓尽致地表现了出来。好色物中宣扬的人类性解放到了町人物中，则变成了对町人营利活动的肯定和拥护。“有钱能使鬼推磨”（《日本永代藏》），井原西鹤就这样生动再现了支配人生的金钱的魔力，以及人类与金钱斗争、想要征服金钱的可怕欲望。在《西鹤诸国故事》等杂话物中，井原西鹤又站在理性主义的立场否定妖魔鬼怪，将利剑挥向封建道德。

通观井原西鹤的作品，其中虽有诸多富于建设性的元素，但他没有从理性和统一的视角去看待人生，只是将人视为感官动物。在这一点上，井原西鹤与近代文学中的写实主义是有区别的。

在初期作品中，井原西鹤对人不加束缚、赤裸裸的本能给予了肯定。但是越到后期，其作品中“苦涩的阴影”就越为强烈。这是其人生阅历加深所带来的结果。但更重要的是，这是井原西鹤作为一名创作者，亲身经历了元禄初年政治、经济局势动荡带来的社会现实后所产生的变化。这样看来，井原西鹤产生一种循环往复的处世哲学——“四十五岁之前立家立业，之后极尽游乐之事”（《日本永代藏》），即“赚了钱便尽情享乐”，也就不足为奇了。

在其作为遗稿出版的《置土产》等书中，井原西鹤描绘了一个个无论多么落魄都决不屈服、不向贫穷低头的人物形象。可见，直到生命的最后，井原西鹤仍然相信人类力量的可能性。

但是，正因这些人不服输、要面子，所以才酿成一出出人间悲剧。而近松门左卫门，正是直面这些悲剧的执笔人。

近松门左卫门的净琉璃

近松门左卫门虽与井原西鹤不同，出生在武士之家，但正像他以作家的立场所说的，“我已作好为戏剧事业朽烂之觉悟”（《野郎立役舞台大镜》），他仍然是个町人。

1686 年（贞享三年），近松门左卫门写作《出世景清》赠与竹本义太夫，二人自此建立合作关系。其后十几年，近松门左卫门主要从事狂言剧本的创作。1703 年（元禄十六年），近松门左卫门创作的第一部世话净琉璃[117]《曾根崎心中》（“心中”意为殉情）大获成功，从此奠定了他在净琉璃剧本作家中的地位。擅长要女角木偶的辰松八郎兵卫在剧中所使用的阿初木偶，也是《曾根崎心中》获得成功的原因之一。

虽然近松门左卫门指出，“总而言之，净琉璃首先在于木偶”（《难波土产》），认为净琉璃的主角是没有灵魂的木偶，因此要想在木偶身上注入感情，除了要木偶的技巧之外，还必须在章曲、台词上下功夫。但实际上，近松门左卫门作品中的语言既是感性的，又是很接地气的。他还认为，“所谓的艺术处在虚与实的薄膜之间”（《难波土产》），虚实融合所产生的艺术意境与感动人心的力量相结合，才是优秀的艺术。

近松门左卫门的作品大体分为古代剧“时代物”以及描写百姓生活、坊间趣闻的“世话物”。特别是世话物，它让净琉璃首次与古净琉璃清晰区别开来，作为戏剧文学发展起来。元禄末年，仅京阪两地的殉情事件就高达十九起，幕府甚至禁止了当下正流行的殉情题材出版物。而近松门左卫门的许多作品也正是以这些真人真事为素材写就的。

《曾根崎心中》的主人公名叫德兵卫，他从近郊农村来到大阪，在叔父名为平野屋的店里当伙计。德兵卫与曾根崎新地的游女阿初立下誓言、双双殉情。殉情的原因是，其一，叔父想让德兵卫取老板娘的侄女为妻，德兵卫在乡下的继母偷偷收下了叔父赠与的两贯钱。德兵卫拒绝后，叔父逼迫德兵卫还钱。其二，虽然德兵卫好不容易要回了钱，但德兵卫的朋友——油店的九平次苦苦哀求德兵卫把钱借给他，并答应一天后还钱。于是德兵卫便把钱借给了九平次。可当德兵卫要求九平次还钱时，九平次不仅不还，还污蔑德兵卫伪造印章和手印，在众人面前狠狠羞辱了他。无计可施的德兵卫哀叹自己“既没能维护男人的尊严，又没有安身立业”，遂立下誓言，“将在三日之内向整个大阪证明我德兵卫的正直和清白"，决定以死明志、维护尊严。德兵卫口中的"没有维护男人的尊严""没能维护'一分'"的观念虽然是武士自古以来的荣誉意识，与主从关系没有直接关系，但在当时的町人社会中，这种荣誉意识依然根深蒂固。《摄阳奇观》中记录了一张万治年间（1658—1660）的借条，借条上写着"若不还钱，即便在众目睽睽之下受你羞辱，我也毫无怨言"。做生意守信是商人之道，就是拼上身家性命也要维护"一分"。一旦在町内丧失信誉，就只有死路一条。从这一点来看，德兵卫自杀的悲剧也是必然的。

《曾根崎心中》强调的是主人公的"一分"意识，而《心中天网岛》强调的是人与人之间的另一个社会意识——"义理"。

天满一地的治兵卫是一家纸店的老板，他与同为曾根崎新地游女的纪伊国屋的小春坠入爱河，相约共赴黄泉。在治兵卫的妻子阿御的请求下，小春出于女人间的"义理"决定独自赴死，并违背自己的内心，对治兵卫说尽了绝情的话，让治兵卫离开自己。但是，当阿御得知丑恶的商人太兵卫（与《曾根崎心中》的九平次类似）想要赎出小春时，她才明白小春去意已决。于是，阿御同样出于女人间的"义理"，向治兵卫坦白了事情的经过，当掉自己所有的衣物，劝治兵卫用换来的四百匁新银赎出小春。此时，治兵卫的岳父五左卫门出现了，他强行带走了阿御。万念俱灰的治兵卫于是与小春手牵着手，朝着殉情的地方走去。

阿御与小春之间的义理并非外部力量的作用，而是一种自然而然的、充满人情味的感情。在这里，“义理”与那种人之所以为人的情感是相一致的。然而，主人公越是珍重那份生而为人的义理，就越会陷入悲剧的沼泽之中，这就是那个时代永远无法解开的矛盾。

荻原重秀提出的财政方针与特权町人相结合，进一步加强了对中小町人阶层的剥削。藏元、挂屋等富商也因收不回大名贷欠款而纷纷没落。甚至有的富商仅仅因为生活稍微奢侈了一点，便被没收所有财产。尽管富商抗议“欠债还钱、守信誉乃武士之常，诸侯也不例外”（《草间伊助笔记》），但这些抗议并没有激起波澜。

这样的事态使得商业资本不得不趋向反动，道德意识不得不开始分裂。《财宝速蓄传》中的背德意识——“若心怀无用的义理和廉耻，则无法出人头地。只要有钱，一切羞耻和耻辱都会消失。做生意要不择手段，只考虑得失”，以及《町人考见录》中顺应封建秩序以增值资本的消极经营理念（既要“恪守仁义”，又要“经商谋利”）就是最好的体现。

将近松门左卫门笔下的主人公逼入绝境的，是生而为人的荣誉和“义理”意识。从儒家理性的道德意识来看，这种荣誉和“义理”意识反而是陈腐的。然而，他们无所畏惧地誓死恪守荣誉和义理，以此来对抗抹杀人性的封建统治和门阀町人。

在孕育了京阪新兴町人的周边商品生产地带，直接生产者在与农村古旧的各项制约进行斗争时，彼此之间逐渐结成连带关系。而近松门左卫门的作品就是将根基置于这种斗争之中，在主人公领悟到“义理”其实是一种阻碍的过程中，描绘出一出出人间悲剧。净琉璃在这一时代收获了包括下层民众在内的广大观众群体，原因就在于此。

松尾芭蕉的俳谐

尽管背负着俳谐的传统和制约，但在时代进步的大背景下，松尾芭蕉还是将俳谐确立为近世的大众诗。

伊贺上野藤堂藩士松尾芭蕉曾与同藩藩士的姐姐有过一段不幸的恋爱经历。因恋爱失败而脱藩的松尾芭蕉颠沛流离，吟游四方，尝尽生活艰辛，终其一生都被排斥在封建体制之外。但是，这段经历反而让他更加贴近民众。

主张俳谐的精神在于写实，倡导“诚之俳谐”的松尾芭蕉创造了传统和歌、连歌无法想象的新俳谐之美。贞门派、谈林派所追求的“妙趣”也在松尾芭蕉的“诚”中得到了扬弃。“侘”“寂”“挠”（或称“萎”）“幽雅”“轻妙”等正风的根本理念，“余韵”“移”“响”“位”等象征手法，通过江户时代的现实主义精神，让日本中世诗歌的理想得到了升华。与其说这是对传统的否定，不如说这是对传统的完善。

正如他在《幻住庵记》中的自白——“终是无能无艺，只系此一筋（指俳谐）”，从世俗角度来看，松尾芭蕉的一生是在不断的失败和失意中度过的。而这一点也让松尾芭蕉深感作为一介凡人的无能为力，成了他看透一切的根源。同时，这也是松尾芭蕉以自然为友、以旅途为栖所的原因所在。

然而，无能为力虽是人的本质，但坚强地在这种本质中活下去，品尝疾病、贫穷、家累之苦，却又出人意料地不失乐观，这便是松尾芭蕉的活法。与西行[118]所处的时代不同，无论松尾芭蕉居于江户还是云游四方，地主、批发商成立的俳谐沙龙“俳坛”都永远为他敞开大门。临终之际，卧于病榻的松尾芭蕉似有顿悟地慨叹道：“俳谐亦妄执之一也。”但他转而又吟诵道：“旅途罹病，荒原驰骋梦魂萦。”松尾芭蕉至死都无法割舍他对自然和俳谐的留恋。而他的这一苦恼也正彰显了元禄时代的民众不屈不挠的人文主义精神。

第六章 “米将军”及其时代

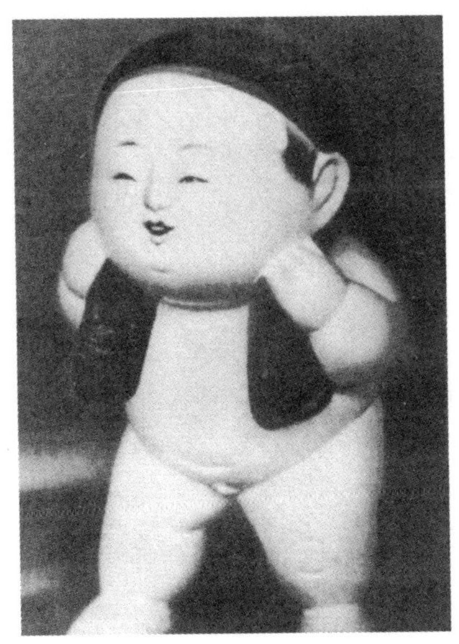

御所人形（享保雏）

一、农村和城市的变化

商品生产的发展

17世纪下半叶，幕藩体制大致确立。虽然度过了相对稳定的元禄时代，但进入享保年间，经济持续繁荣的同时，早已埋下种子的矛盾也在此时破土发芽，即小农从单纯的自给自足的年贡缴纳人，发展为独立的商品生产者。这一倾向首先在交通便利、距离中央市场较近的大阪周边商品生产地带凸显出来，而后逐渐波及经济发展落后的地区。

随着棉花种植面积不断增加，棉产中心地带耕地面积在一町左右的中农阶层开始兼营轧棉，在一定程度上充实经营。与此同时，他们还作为中间商走乡串户，收购棉花，卖给附近的在乡町或城市批发商。这便侵害了由职业中间商组成的垄断组织的利益。在菜籽油方面，商人在摄津滩目地区采购菜籽，利用水轮榨油。这也威胁到了大阪批发商从菜籽采购到榨油整个过程的垄断地位。酒及其他商品也大体如此。

前文提到，越后高田地区的鱼类批发商垄断当地的鱼类市场。但早在元禄时代以前，中间商和走街串巷的小商贩便偷偷进行买卖，与批发商之间纠纷不断。对此，藩国设立“值段番”“看横目”等职位进行整治，并向批发商征收运输税“运上银”，以此增加藩国的财政收入。但是，这些措施并没能抑制新兴商人的活动。

领主要想吸收农民不断发展的生产力，最有效的措施是实行专卖制。在商品生产的发达地带，各藩已无法仅仅依存于农民缴纳的年贡，于是便强行征购领地内的主要经济作物和加工产品，再卖到大阪等其他地区，以此来改善财政状况。为此，这些藩一改当初的限制措施，鼓励商品增产，指导农民改善商品质量。整个江户时代，实行专卖制的藩达五十一个，专卖商品的种类和数量也在不断增加。然而，参与初期专卖制的仍是城下町的特权商人，他们依靠藩的权力，与藩共享利润。

寄生地主的产生

随着农村商品生产的发展，农村结构也在发生巨大变化。农民阶层在此时不断分化，地主与佃农的新型关系由此产生。

农民阶层的分化一般以持高的变化为基准。在棉产中心地带摄津平野乡，中农阶层的经营虽显示出不断充实的一面，但他们仍然无法阻止自己的土地集中到不事耕作的商人手中。在很多地区，拥有零碎持高的农民开始没落，无地的水吞百姓不断增加。

此前的地主兼任村吏，他们让名子和季节性雇工"年季奉公人"直接经营自己的土地，同时质押本百姓的土地，使本百姓成为自己的佃农,从中收取地租。但这一时期的地主有所不同，他们不事耕作，只是不断增加土地拥有量，然后将土地佃租出去，收取高利率的实物地租。这样的地主被称为"寄生地主"。

出现寄生地主的地区要么是商品生产发达地带，要么是经营集约化程度较高、即便土地较少也能经营下去的地区。在新开土地的村子中，农民组织力量较弱，这也是寄生地主出现的另一条件。

在除农业外的谋生手段不太发达的地区，水吞百姓更倾向于依赖佃农过活。在商品生产地带之外，大城市、城下町、五大道、驿站、港口城镇、渔港等地区给农民提供了做日工、参与非农职业的机会，这让他们足以自立，也激发了农村的活力。

传统地主的没落

寄生地主与佃农建立的新型关系还给村内的势力结构带来重大变动。随着地主的土地越来越多，甚至扩展到村外地区，水吞贫农阶层的活动也越发引人关注。在这种情况下，本百姓虽然建立起了自己的村落，但村落的统治权依然掌握在传统上层阶级手中。于是，这样的地区便有不少新兴地主率领下层村民驱逐、打击传统上层阶级，彻查他们在年贡、村费征收过程中的舞弊行为，责难他们在村子祭祀时的蛮横无理。这些运动甚至经常发展到要求罢免名主或庄屋的地步。运动的结果是，此前由旧统治阶层垄断的村吏变为由村民选举决定，村费由每家每户按人头分摊变为按各家的石高分摊。同时，入会地及其使用权也被分割下去。

一旦新兴地主利用下层村民成为新的统治者，传统的村吏阶层便不可避免地没落下去。这种没落不仅体现在经济层面，还体现在统治村庄日常生活的权威上。

寄生地主取代传统地主占据村内高位。为了维持特权地位，寄生地主开始着力整顿家系。甲斐山梨郡下井尻村某家族不断兼并土地，从仅有十余石的小农户成长为商人地主和寄生地主。1730 年（享保十五年），该家族将武田氏的家臣奉为祖先，宣称自家曾从武田信玄处领受朱印状，以此获得乡士地位，在村中不受名主支配，地位高于其他村民甚至名主。不过，据说朱印状是该家族伪造的。

一般来讲，成为大寄生地主后，便可分得藩国对农民的剥削成果。作为回报，大寄生地主要为藩国的金融和殖产兴业服务。他们被允许起姓、带刀，还可以从藩国领受俸禄。同时，这还使他们能够进一步提高自己的门第地位，加强对村民和佃农的统治。

在遗产继承方面，江户前期的分割继承制逐渐减少，单独继承的趋势加强。这是因为，单独继承的方式更容易将土地集中起来。随着单独继承制的不断发展，越是不事耕作的大地主，其家长权就越大。

与此相反，水吞、佃农阶层分割土地和财产的可能性越来越小。在外出谋生、奉公现象频繁的地区，家庭联系崩坏，家长权自然会受到很大限制。

另外，要想使零散的经营实现集约化，就必须有更多的家庭劳动力。这样一来，妻子及其他家庭成员的地位就更不可能下降了。

农民的贫困

日工的薪资因水吞百姓的增加而下降，这对地主和富农来说是有利的，但对贫农来说，这会使他们的生活越来越拮据。因此与其留在村里，不如外出谋生、奉公来增加收入，这也是自然的事。幕府、各藩为了将贡赋责任人——农民束缚在土地上付出了所有努力，但这些努力并没有收到成效。1787 年（天明七年），国学家本居宣长在《秘本玉匣》中指出：“弃农从商，迁至江户、大阪城下之人逐渐增多。”松平定信也称，天明五年至天明六年的一年间，离开农村的人口大约在 140 万左右。

大饥荒时，这种现象尤为突出。不过即便是正常年月，本打算外出打一阵工就回乡，但不知不觉就留在当地的农民也不少。比如越中、越后、信州等地就有很多人来到江户做酿酒工、舂米工、澡堂服务员、铺屋顶的手艺人等等。江户人称这些人为“椋鸟”，因为这些人一到秋末便如候鸟一般，成群结队地涌入江户。其中有些人穷得只剩下乡下的老婆和腌咸菜的大石头。虽然采茶、养蚕农民按季节从这个村移动到另一个村的传统由来已久，但进入江户中期以后，这种现象尤为严重。

农村的矛盾不仅在于农民的离村问题。扼杀新生儿、堕胎这种被称为“间引”的现象也在日本全国农村普遍存在。劳动力的增加对于农家来说本是好事，但贫困的家庭无力生下、养育孩子，因此他们只能含泪做出这种惨无人道的事。因此，劳动人口的减少与耕地的荒芜共同成为威胁领主的首要因素。虽然领主以“不仁之至”为由，三令五申地禁止“间引”行为，还向农民传授养育孩子的方法，支付养育费用，甚至动员僧侣宣扬“杀婴会下地狱”来吓唬农民，但这些做法均收效甚微。*

* 当时已经有有识之士将矛头指向剥削农民的封建制度，如《世事见

闻录》中写道“杀死这孩子的另有其人”。也有人认为,“间引”是农民对封建制度的消极反抗,如《经世秘策》中说“这是(农民的)泄恨秘策”。

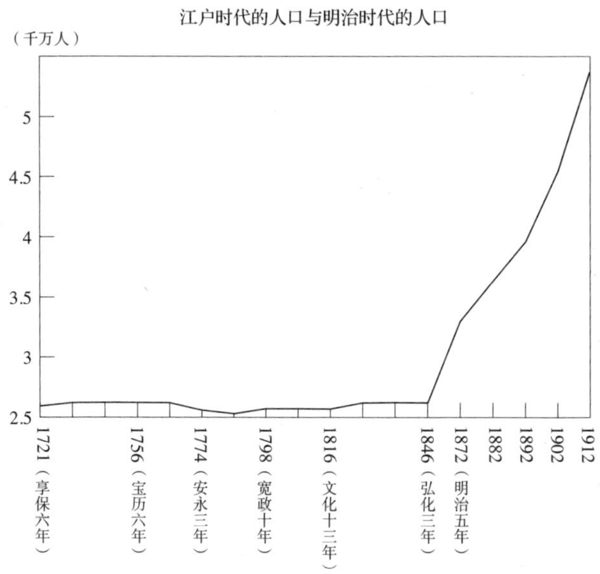

如上表所示,在大饥荒和“间引”两个重要背景下,日本人口从江户中期开始停滞不前,直到幕府末期始终徘徊在 2 500 万至 3 000 万之间。除“间引”外,卖儿卖女的现象也很普遍。究其原因,当时卖身契上常见的套话说明了一切——“为缴纳年贡迫不得已……”

在乡町的变化

在农村变化的背景下，城市生产也相应发生重大改变。17世纪下半叶，大阪周边地区出现众多在乡町。在这些在乡町中，从事非农职业的人口占比均接近 50%。同时，水吞百姓、打日工的新兴下层民众人口也有所增加。

然而到了 18 世纪，大阪与其周边在乡町的商品流通通路开通以后，几乎没有再出现新的在乡町，原有在乡町的发展也处于停滞状态。大阪要作为全国市场发展下去，必须依靠其背后农村和在乡町的繁荣发展。然而在这一过程中，后者却被网罗进大阪市场中，不得不从属于大阪的商业资本。

比如平野乡附近的农民自享保年间便从事轧棉业。随着棉花制品转入新兴农村商人手中，棉花批发商的垄断地位也被打破，呈衰微之势。大阪的棉花批发商趁此机会在平野乡设置棉仓和皮棉期货交易所，成功排挤当地的批发商，直接从农村收购籽棉和皮棉。大阪方面还让三十甚至五十个町的商人、轧棉店铺全部加入行会，进行统一管理。对此，以平野乡批发商为首的各村中间商、生产方表示强烈的反对，想尽办法阻止这一计划的实施，但平野乡的批发商最终还是臣服于大阪的批发商，沦落为大阪方面的代理收购商。

但是从 19 世纪中叶开始，平野乡以榨油业为中心打破了大阪资本的垄断，当地产出的大部分菜籽均在内部进行加工，无地农民阶层中有半数以上的人被吸收为榨油业工人。在取代在乡商人的新兴力量手中，平野乡获得了第二次生命。

新旧商人的斗争

特权商人和新兴商人的斗争也在大城市内部展开。大阪发展的其中一个原因是，淀川及其支流支撑了大阪与其腹地间的运输。在运输中，手握特权、往返于伏见和大阪的过书船以及大阪市内的驳船、茶船、剑先船等，与商人和农民的自有船、陆路运输用的排子车（木制圆盘车轮的运货车）等新兴势力爆发了激烈的对抗。

这一现象遍及日本全国。幕府直辖大道“本街道”上的驿站批发商，与往来“胁街道”（“本街道”以外的支线大道）的新兴商人之间的纠纷如同家常便饭。江户时代的山国信州无法有效利用河运，与其他地区的交通只能依靠陆路。其中，以伊那大道为主，兼用中山道、甲州道的马背运输业“中马”与各大道和批发商纠纷不断。“中马”业者是指利用自家马匹运输烟草、麻、棉花、鱼、盐、茶、米、杂粮等货物，挣取运输费的沿路农民。1764 年（明和元年），终于得到幕府认可的“中马”业者扩大了商品流通范围，这在山区农村经济发展以及农民阶层分化上发挥了重要作用。不过，“中马”业者与驿站批发商的纠纷并未因此中断。到了江户末期，新兴“中马”业者与老“中马”业者的对抗又成了一大问题。

从江户中期开始显现出来的农村、城市的种种变化表明，此前一直受到欺凌的本百姓以外的下层民众，如今已在社会层面成长起来。从村方骚动[119]到农民起义、捣毁暴动[120]，下层民众始终是斗争的主体。

在享保年间，这一倾向尚未发展成封建制度的危机，仅以领主财政危机的形式显现出来。而这也为幕府和各藩静下心来进行改革提供了前提条件。

二、新井白石改革

对儒家政治的修正

德川纲吉之后，第六代将军德川家宣继任。上任之初，德川家宣果断进行幕府人事调整，为实施新政做准备。德川家宣将自己担任甲府藩主时约两百名近臣纳入幕僚队伍，提拔间部诠房（从能剧演员一路发迹）为侧用人，命其与侍讲新井白石互相提携。这些措施让谱代大名和家臣阶层的期待落了空，原来将军换代带来的只是封建官僚队伍的更迭而已。这些不知融通、不谙世事的老中及以下重臣仍是含着金汤匙出生、子承父位的人。就像新井白石的调侃之言，“个个都是大名之子”(《折焚柴记》)。

当前朝留任勘定奉行的荻原重秀报告称，幕府的金库仅剩黄金三十七万两时，不仅老中大惊失色，就连德川家宣也慨叹：“到我这一代，已经到了勉力承接神祖（德川家康）大统的地步。”不过据新井白石说，荻原重秀为了找到改铸货币的口实，故意瞒报了前一年七十六七万两年贡。如果加在一起的话，应该有一百一十万两之余，远远没到四处筹措的境地。

因此，与其说新井白石的施政方针尚且停留在防止幕藩体制动摇的层面，不如说他将施政重点放在了矫正元禄时代的政治偏向，将前代利用儒家的王道思想来美化、加强将军专制体制的方向带回到正常轨道上来。这便是出身浪人之家,寒窗苦读，以冷水浇头驱赶睡意，甚至拒绝成为富商河村瑞贤的养子，一心想以朱子学者的身份来主持文教之政的新井白石的目的所在。

新井白石首先劝谏德川家宣废除前代最大恶政——《生类怜悯令》，大赦包括违反该法令的 8 800 余名犯人。世人欢呼雀跃，以“万代龟，龟甲府。甲府成将军，宝永得民心”(《宝梦录》)的唱词来讴歌新政。新井白石还简化司法手续，追求司法公正，废除日本中世以来割耳、削鼻等酷刑，充分彰显朱子学的理性道德意识。同时，新井白石对大约 731 名旗本子弟全部委以官职，使其脱离蜗居一室的窘境。[121] 这一点体现了浪人学者身上的温情主义。新井白石起草的《武家诸法度》缓和了幕府对大名的高压态势，并以“不应使士民有怨苦”为宗旨，主张将儒家的“仁政”作为施政纲领。

货币政策的转变

新井白石改革的最大难题是如何解决货币问题、消除经济上的混乱和幕府财政的不稳定性。新井白石每年都会制作年度总账，明确收支总额，设置“勘定吟味役”一职，加强对财政以及幕府领地代官的不法行为乃至民政工作的监督力度。

但是，荻原重秀自前朝以来便担任勘定奉行一职，他笃信增铸恶币才是财政政策的关键。因此，只要荻原重秀在任，事态就很难有所改善。比起德川纲吉时代，德川家宣执政时期的恶币滥发现象更为严重，其原因就在于此。而且，荻原重秀的背后依然有金银座、丝割符町人、货币兑换商、土木工程承包商等各方势力盘踞，对出身卑贱却平步青云的新井白石有所反感的老中及以下谱代阶层也都支持荻原重秀的财政方针。新井白石曾三次死谏将军，要求罢免荻原重秀。1712 年（正德二年），新井白石终于将荻原重秀赶下了台。

然而，德川家宣在不久后去世，年幼的德川家继继任将军。

老中们以将军换代为由，反对变更货币政策。新井白石则称这是德川家宣的遗命，于1714年（正德四年）发行正德金银，其成色、分量都与庆长金银相同。与此同时，新井白石还将勾结荻原重秀、牟取暴利的金银座年寄四人流放荒岛，革职一人，对三井及其下的货币兑换商给予严重警告。

新井白石的货币理论中有种基于中国货币思想的神秘贵金观。他认为，提高万国通用的金银纯度，减少发行量，经济领域就会稳定。但是，实际情况并非如他所愿。新旧金银的更换迟迟没有进展，银的汇率反而波动剧烈。在当时的状况下，成色、分量皆有不同的货币流通导致货币行情复杂多变，而且商品流通的扩大也不允许货币流通量减小。

《长崎新令》与朝鲜使节问题

被称为《长崎新令》的外国贸易限制政策与新井白石的货币政策紧密相连。新井白石经过精密的计算得出结论，江户初期以来流向海外的金银数量中，金占全部保有量的四分之一，银占四分之三。这样下去的话，百年之内日本将再无金银。为解决该问题，新井白石将贸易船的数量限制在中国每年三十艘、荷兰每年两艘，贸易金额限制在中国六千贯银两、荷兰三千四百贯。在支付手段方面，尽量减少金、银甚至铜的支付额度，用出口煎海参、鲍鱼干、鱼翅等海产品（称“俵物”）或陶器、工艺品、纸张等产品的方式来弥补金银的外流。后来的田沼时期不但继承了该方针，还积极鼓励俵物的增产。

在这样的政策下，接待朝鲜使节也一切从简，原来一百万两的接待费用被削减了四成。在此之前，幕府送往朝鲜的国书称将军为“日本国大君”，而此时的幕府改口称这是天皇的称号，将将军改称为“日本国王”。那么幕府为什么要这么做呢?

其实，削减费用是为了压缩幕府的财政支出，减轻农民在迎送使节上的负担。而把将军改称“日本国王”则是为了对外宣布将军是日本最高主权拥有者，确立将军的王者即理性的专制君主地位。

此外，幕府还竭力为东山天皇的第七皇子秀宫创设闲院宫家。幕府这样做是因为它站在了儒家的立场上，批判皇太子以外的皇子都要出家的古老传统，认为这是有违人伦的。笔者也认为，幕府之所以放宽了对朝廷的压制政策，就是因为幕府已经确立了它的全国统治地位。

改良主义及其局限性

新井白石虽然也是朱子学者，但他与大学头林信笃的意见并不一致。这其中也有学派对立的因素，但更重要的是，新井白石对林家墨守德目主义[122]的传统有所不满。同时，新井白石还大力批判只以老中的先例、规矩为政治纲领，不知变通的武断主义。新井白石坚信，遵循客观道理的同时不忘灵活变通，这才是“民之父母”的王者所应具备的资质。

1711 年（正德元年），越后村上领地的八十五村农民不堪忍受大庄屋的苛政，拦住老中的轿子，请求将自己的村庄编入幕府领地。而新井白石对此事的处理方式正体现了他的政治信念。当地官吏谎称农民不纳年贡，私自贩卖年贡米。幕府的老中也不加思忖地轻信了官吏的报告，主张根据越级上诉违法的基本原则，将主谋定为谋反罪予以严惩。对此，新井白石认为这有违仁政宗旨，于是任由农民一方与大庄屋进行斗争。结果，大庄屋的不正行径败露，新井白石警告大庄屋不要再有不法企图，并将该地农民再次编入村上藩。虽然农民编入幕府领地的要求没能实现，但正如《折焚柴记》所述，“天下无告之民应有申诉之处”，新井白石的改良主义立场虽不能一劳永逸，但它至少抑制了封建矛盾的激化。

当时，意大利传教士乔瓦尼·巴蒂斯塔·西多蒂（Giovanni Battista Sidotti）因偷渡日本被捕。亲自审问西多蒂的新井白石不仅向其虚心学习世界形势，还转变立场，坚信幕府自实施锁国政策以来，认为天主教徒以布教为手段企图侵略日本国土的传统观点是错误的。以当时来看，新井白石审问西多蒂的备忘录《西洋纪闻》，以及在该书中卷增补世界地理部分的《采览异言》是加深日本人国际认识的前瞻性书籍。

但是，新井白石的改良主义终究没能突破封建统治的框架。农民也看清了“正德之治”的本质。可以说，幕府的姑息主义反而将农民斗争引向高潮。越后村上领地越级上诉的结果刺激了广大农民，他们在各地掀起村方骚动，追究大庄屋、庄屋的不正行径。因此，新井白石的处置方式恰恰为农民起义提供了突破口。而且，谱代势力集团和林家等政敌还攻击新井白石的“文饰”政治只是想将幕府变为公家。在这种情况下，随着德川家继去世，纪伊藩主德川吉宗入主幕府，新井白石和间部诠房也被逐出政界。至此，仅仅持续七年的“正德之治”落下帷幕。*

* 隐退后的新井白石将余生的精力倾注在了研究和著书上，他以实证主义和理性的批判精神在历史学、语言学、宗教论等方面留下众多杰作。《折焚柴记》是其站在客观立场上写就的自传，也是其第一本著作。

三、享保改革

德川吉宗登上历史舞台

德川吉宗之所以能击败竞争者，从纪伊藩主登上将军宝座，是因为他具备以下有利条件：首先从血统上看，他是德川家康的曾孙，时年 33 岁，正值壮年。其次，他身体强健，惯使三尺大刀，力大无穷，曾徒手打死野猪。与从小生活在大奥（将军夫人、侧室、侍女的居所）中的德川家宣、德川家继不同，德川吉宗粗犷豪迈，任纪伊藩主时曾在藩政改革上大展拳脚。幕府内外也都对德川吉宗抱有很大期望。特别是一直被“侧近政治”压制的谱代阶层，他们欢呼着“今后御家之事可定矣”（《折焚柴记》）喜迎新将军。

德川吉宗也清楚，自己能入主幕府多亏了老中和大奥势力。因此，德川吉宗沿用德川纲吉、德川家宣时期的政策，抑制近臣势力的膨胀，迎合谱代势力的意愿。不过，德川吉宗的真实意图是建立将军亲政体制，因此即便老中等职位有空缺，德川吉宗也不进行人员补充，只是在 1722 年（享保七年）任命水野忠之为新设官职“胜手挂老中”（专门负责幕府的财政工作）。可以说，德川吉宗几乎是在等待这些势力的自然消亡。为了加强将军的独裁权力，德川吉宗命令老中以外的官员逐个前来报告，以此震慑疏于政务的老中；任命忍者为“庭番”，负责刺探情报等工作，并直接领导庭番。1721 年（享保六年），德川吉宗设置诉状箱（称“目安箱”），只有将军可以审阅诉状。该措施也是为了使越级上诉作为制度确立下来，以此掌握民情，强化将军的亲政体制。

强化财政紧缩政策

德川吉宗改革的理想目标是回归到“诸事以权现样之规矩操办”的状态，并有意识地否定新井白石改革中儒家色彩较重的部分。既然以江户幕府的开创时期为理想状态，那么生活方式也必须从素从简。德川吉宗率先节衣缩食，努力控制幕府支出，禁止新开土木工程和承包工程。以上措施对将军脚下的江户御用商人造成重大打击，德川纲吉时期辈出的暴发户“而今不见一人，只剩下茅场町的冬木”(《江户真砂六十帖》)，“灾连祸结，衰败不堪，本末倒置，营生难觅，唉声叹气者成千上万”(《享保世话》)。不过，正如前文所述，幕府对商业资本的控制有其明确的方向。幕府首先让商人组织起行会，然后再通过这些行会来调节江户的供求关系。

货币政策也同步展开。新井白石推行的良币主义的基本精神被继承了下来，一直延续到享保改革末期。1718 年（享保三年），幕府颁布《新金银通用令》，以正德金银为基准统一新金银，金银兑换比率以纯金含量为准。此时，幕府命江户的货币兑换商建起行会，通过该行会的作用来稳定货币市场。从元禄末年开始，元禄金一路贬值，囤积在大阪的江户货物价格飞涨，江户的批发商和普通消费者苦不堪言，因此当时的幕府规定一两金兑换六十匁银。享保年间的《新金银通用令》坚持了这一方针，并于 1723 年（享保八年）禁止旧货币的流通。

为压缩开支，幕府对家臣集团进行了整顿，解散了新晋家臣。除官职仅此一代、不世袭的政策外，在荻生徂徕的建议下，幕府甚至计划让旗本中的冗员在江户附近十里内外的农村定居。幕府还征借家臣俸禄，按照标准米价，用现金代替禄米[123]支付给家臣。这样一来，标准米价与市场真实价格的差价便成了幕府的收入来源。实际上，这不过是幕府采取的苦肉计罢了。

幕府强化财政至如此地步的直接原因在于，享保六至七年，全国范围的歉收导致农业减产，大井川及其他大型改建工程出资困难。以后，幕府连旗本、御家人的禄米都难以支付。1722年（享保七年），幕府甚至"不顾耻辱"，命令各大名以每一万石交纳一百石的比例上缴稻米。此前，大名因参勤交代制度需要在江户滞留一年。而此时的幕府以滞留时间缩短半年为条件，成功确保了年额十七八万石的财政收入。这些收入可以弥补由支付禄米带来的一半亏空。与此同时，为了解决大名、旗本、御家人依旧严峻的贫困问题，幕府不再受理金银借贷的相关诉讼。这对债台高筑者来说的确算是德政。然而，这惹怒了江户的町人。他们拒绝再向这些人发放贷款，十组问屋还向町奉行进行抗议，愤怒的町人蜂拥至欠钱不还的大名、旗本的府邸，竖上纸旗，逼其还债。幕府虽然下发禁令禁止町人的该行为，但町人并未因此退去。终于，幕府于1729年（享保十四年）重新开始受理此类诉讼。*

* 德川吉宗在大名消防队（火灾时大名从藩邸派出的消防队）的基

础上，组建四十八支灭火小队，称“伊吕波四十八组”。在江户，火灾被称为“江户之花”，消防队员被称为“江户儿中的佼佼者”。著名的新门辰五郎就曾是一名消防队员。

民众的反抗

在农村地区，民众的反抗在这一时期达到顶峰。1720 年（享保五年），会津地区的幕府预所发生“会津御藏入骚动”，民众提出延期缴纳年贡、下调租率、惩治乡头（相当于其他地区的名主）不法行为等十三条要求，威胁预所若不接受，将直接上告将军。该年年末，经营难以为继的江户周边佃农“好似有过约定一般”（《民间省要》），不约而同地将佃租的土地还给地主。不知所措的地主将每反土地的地租下调五升甚至一斗，或者为佃农支付买肥料的费用，尽力怀柔、抚恤佃农。

幕府虽然在 1721 年以独立法令的形式禁止结成徒党、强行上诉，也明示了镇压方针，但第二年，越后、出羽的幕府领地依然发生“质地骚动”（土地质押问题引起的骚乱）。幕府在 1721 年 12 月公布了质押土地的相关条款，规定在质押田地时，抵押土地的债务人若每年向债权人偿还 10% 的抵押金，该土地的所有权便不发生转变。幕府还规定从当年算起，上溯五年内的抵押土地均适用该条款。这一举措实际上是为了防止本百姓经营解体，抑制地主通过抵押的方式兼并土地。

然而，越后颈城郡幕府领地内的贫农对这一条款的宗旨进行了扩大性解释。他们结成团体向代官所强行上诉，以佃租、抵押金两两相抵为由，要求地主无偿归还十几年前的质押土地。他们承诺每年偿还 15% 的抵押金，但前提是先将质押土地还给他们。

幕府屡屡传唤主谋吉冈村村民市兵卫等人至江户，责令其停止不法行为。但这些人利用江户与越后相隔千里、联络不便的条件，与地主顽强斗争。最终，这些人依靠实力要回了质押土地，拔掉了地主栽种的秧苗，实行集体耕种。

幕府仅靠代官所的力量无法抑制农民强行上诉，于是命令高田藩等附近各藩出兵，耗费整整三年时间才平息了这场骚动。骚动中的 1723 年，幕府撤回仅持续两年的土地质押条款，向地主方面妥协，再次允许地主将质押土地归为己有。

在这次骚动中，有 106 人被捕入狱。在对其进行审讯时，幕府的态度同样值得关注。负责审讯的高田藩请示幕府，是否可以按照前例进行拷问。幕府的回答是“御上厌恶拷问”（《越后颈城郡质地骚动御仕置一件》），因此尽量不要拷问。相反，幕府要求高田藩改善牢房环境，善待犯人。只要说出主谋的名字，就可以得到田地。而且判决书中也写道，没有必要因为是主谋之子就处以重刑。

幕府第一部完善的成文法典《公事方御定书》，尤其是下卷

《御定书一百条》是幕府宽典主义的结晶之作。幕府想从司法制度中排除武断要素，这一点在各藩也是共通的。可见，幕府的享保改革虽在形式上否定了新井白石改革，但实际上却继承了后者的思想。同时，这也表明统治者想在一定程度上以改良主义来应对民众日益激化的反封建斗争。

推进殖产兴业

1722年（享保七年）6月，幕府召集众官员，说明财政窘迫的实际情况，要求官员打起十二分的精神。与此同时，幕府任命老中水野忠之为胜手挂老中，下定决心重建财政。为此，幕府必须整顿直属于胜手挂老中的“勘定方”（会计）编制，尽可能选拔有能力的人才，将其部署在民政相关岗位。幕府提拔跟随德川吉宗从纪州来到江户的井泽为永为勘定吟味役，就是因为幕府看到了纪州的水利土木技术要高于伊奈忠次。江户近郊川崎地区的名主田中丘隅是《民间省要》的作者，他在管理农村方面的能力得到了幕府的赏识，也在这一时期被拔擢为代官。除勘定方外，因“大冈断案”[124]而闻名的大冈忠相就任江户町奉行，这是因为幕府看到了大冈忠相断案时的公正严明。

1723年（享保八年），幕府制定“足高”制度，统一规定各职位俸禄，即便是家禄（家族俸禄）较低的官员，在职期间也可以得到与其官职相匹配的俸禄。幕府这样做是为了鼓励官员勤于政务。这样一来，在改革之初因将军独裁体制强化而被禁止的新晋家臣的政治活动，在此时以新的勘定方一职为中心再次活泛起来，封建官僚制度也得到了进一步的发展。

幕府重建财政的方式首先是增收幕府领地的贡租，并为此推进殖产兴业。此时，幕府有意与之前被自己打压的商业资本进行合作。

1722年（享保七年），幕府为了鼓励町人承包新田，在江户日本桥竖起告示牌，奖励民众开垦新田。如果代官能找到人开垦新田，代官可得到10%的新田年贡。

1726年（享保十一年）颁布的新田检地条目表明，幕府的方针已从保障农民自立转向彻底剥削农民。翌年，幕府提高所有幕府领地的租率，这也印证了那句狂放之言——“百姓、芝麻油，越榨越出油”（此话相传出自后来的勘定奉行神尾春央之口）。此前，幕府每年根据当年的收获情况确定土地租率，此法称“检见取”。为了稳定收入，幕府变为以一定年份的平均贡租率来征收年贡，此法称“定免制”。不过，由于歉收时农民减免税收的要求很难得到回应，因此新法并没有受到人们的欢迎。

在这一时期，各藩开始大力鼓励农民种植经济作物，幕府也在西日本地区促进棉花、菜籽、蓼蓝、茶叶、烟草等作物的种植。将军脚下的关东旱作地带也是如此。

享保改革初期，对天文学很感兴趣的德川吉宗设置了天文

江户的天文台，葛饰北斋
天文台中央设有测天仪。

台。为了改历，他允许引入与基督教无关的欧洲自然科学汉译本书籍。可以看到，此举背后隐藏着的是促进生产、追求实用之学的时代要求。德川吉宗曾命“甘薯先生”[125]青木昆阳学习“兰学”（荷兰学问），其原因就在于此。同时，幕府没有忘记最重要的一点，那就是如果商品生产普及，幕府就可以提高“石代纳”（用现金代替大米的年贡缴纳方式）的金额，吸收商品生产的成果。幕府的收入情况就证明了这一点。元禄至享保年间，幕府征收的现金越来越多，至1730年（享保十五年）时已占到六成以上。经过上述努力，幕府在财政重建方面取得了显著成果。截至1731年（享保十六年），幕府已有大约一百万两的积蓄。至此，德川吉宗终于成为名副其实的“幕府中兴之英主”。

改革的困境

但是，享保改革也有其局限性。年贡的增收使农民无法再生产。因此歉收时，幕府不得不大幅减免年贡，将年贡比率由六公四民全面下调至五公五民。反过来如果连年增产的话，米价就会下跌。如1729年（享保十四年）前后的米价跌至享保初年的一半。《经济录》形容的状况当时已经到了“民间视大米如粪土”的地步。由于大米是领主经济的核心商品，因此米价的暴跌给领主经济造成极为严重的影响。

为了应对米价下跌的情况，幕府不但亲自储藏年贡米，还督促各藩储米，限制“回米”（将储备的年贡米运往江户和大阪），强制要求大阪豪商购米，甚至允许大米市场存在买空卖空、投机交易等很有可能扰乱市场管理的行为。正如町人学者草间伊助所言，除大米增产外，良币政策导致的通货紧缩也是米价下跌的原因之一。

然而1732年（享保十七年）夏，近畿以西各地阴雨不断、蝗灾四起，稻米减产实际高达四百万石，受灾贫民约有265万人，饿死者1.2万人，牛马损失1.5万头（匹），米价从暴跌转为暴涨，1石大米由20匁银涨至130甚至150匁银，城市贫民已被逼上了饿死的绝路，这就是“享保大饥馑”。翌年正月，以在江户租地、租房为主的大约1 500人袭击了高间传兵卫，将其宅邸、家财洗劫一空。高间传兵卫是幕府的御用大米商人，他曾在幕府调节米价之际大赚了一把。这也是江户历史上的首次捣毁暴动。

惊慌失措的幕府再次转变方针，开始促进“回米”，限制酿酒，禁止囤积、储存大米。1734 年（享保十九年），稻米获得大丰收，米价再次跌至 40 匁左右，因此幕府再次采取提高米价的方针。被称为“米将军”的德川吉宗就像这样不断地在两种米价措施之间摇摆。

草间伊助指出，造成低物价的根本原因在于迄今为止所实行的通货政策。因此，幕府彻底抛弃正德年间以来的货币方针，转向重量不重质的恶币政策。1736 年（元文元年）发行的“文字金银”就是其一。在品质上，文字金银虽远远比不上正德金银，但在兑换旧币时，幕府会予以一定补贴，因此新货币并未引起太大混乱，银根吃紧的状况反而有所改善，米价下跌趋势也得到了遏制。受此鼓舞的幕府再次启动财政重建工作，将幕府领地的石高和贡租额同时推向整个江户时代的最高峰。但不久之后，石高和贡租额便下降至最初水平，这大概是由于此时已到了幕府可掠夺范围的极限。

1745 年（延享二年），德川吉宗将将军职位让与长子德川家重后隐退。然而，德川家重是个不肖子，年纪轻轻便沉溺于大奥的淫乱生活中。他还患有恶疾，口齿不清，人送外号“小便公方”（尿床将军）。因此享保改革的成果没有被很好地继承下来。随着时间的推移，封建社会的危机也慢慢浮出水面。

第七章　田沼时代

舫船美人，铃木春信

一、“田沼政治”

侧用人政治的发展

德川吉宗隐退后出现了一种新的现象。随着新任将军德川家重独裁势力的减弱，在他还是嗣子时就侍奉在他身边的近臣中，开始有强权者走上历史舞台。从享保改革中期开始，德川吉宗培养了以财政官员勘定方为核心的封建官僚队伍，以支持和加强德川吉宗的亲政制度。勘定方和侧用人虽然同属于事务性官僚——役方[126]阶层，但是在政治发言权上，侧用人势力更强。他们以将军的专制权力为背景，甚至凌驾于将军之上推动侧用人政治的发展。德川吉宗隐退后不久，老中松平乘邑的突然免职和受罚就暗示了这一倾向。

在德川家重的近臣中，最先得势的是大冈忠光。他虽称不上是手腕高超的政治家，但善于察言观色，是唯一能从口齿不清的德川家重的表情和动作中猜测其意之人。因此他很受德川家重的器重，顺利被提拔为大名，又从若年寄升至侧用人，权势威震一方。当权势集于一人时，势必会滋生收受贿赂的风气，扰乱官僚体制。1755年（宝历五年），幕府财政收支失衡，各衙门虽制定了经费预算制度，但收效甚微。德川吉宗处心积虑重建财政的努力也化为乌有。1760年（宝历十年），大冈忠光因病辞职，没人为其传达旨意的德川家重因此成了废人，只好把将军的位子让给长子德川家治，自己也在不久后辞世。

第十代将军德川家治曾被祖父德川吉宗寄予厚望，但他生性敏感多疑，讨厌和老中长时间谈话，因此多由小姓御家人居中处理政务。其中，田沼意次天资聪颖，颇有才气，逐渐在将军近臣中崭露头角。不久后，田沼意次便位列大名，成为将军侧用人，并于1772年（安永元年）升任老中。同时，其子田沼意知也爬上若年寄之位，父子二人自此权倾朝野。一步登天的田沼意次要想巩固自己的政治地位，最有效的方法莫过于将将军的信任拢于一身。为此，他拉拢大奥势力，不惜一掷千金，最终成功博得了将军的信任。同时，田沼意次还与将军同族的幕府高官进行政治联姻，巩固自家势力。另一方面，他还为想在幕府中谋取高官要职的大名、旗本积极斡旋，为其出卖人情。而对于那些不迎合自己的势力，田沼意次则打击报复，不惜置对方于死地。

田沼政治当然存在权钱交易。当时，想当长崎奉行要花两千两，想当负责监察的“目付”需要一千两，想谋取老中等高位要花费更多钱财。田沼时代之所以被诟病为政治腐败、道德沦丧，原因就在于田沼意次将这种权钱交易正当化了。田沼意次的话语鲜明地表达了他的信念——“金银可贵，甚至贵于性命。如有人为得官而奉其宝，则忠心可鉴。志向之厚薄在于音信之多寡……予每日登城为国事操劳，片刻不得安宁。唯有退朝后，见我邸长廊下诸家金银堆积如山，方能慰意。”（《江都见闻集》）

田沼意次的身上丝毫看不到视金银如粪土的武士道德意识——“贱货思想”。他所推崇的拜金主义致使士风颓废，因此自然会成为谱代势力的攻击对象。同时这也是田沼政治与商业资本积极合作带来的结果。

聚集在田沼意次门下的，不仅有野心勃勃的大名、旗本、町人，还有不知底细的浪人、靠投机取巧和诈骗牟取利益的人。兰学家平贺源内不顾藩主高松侯的劝阻，执意接近田沼意次；《赤虾夷风说考》的作者工藤平助托关系向田沼意次毛遂自荐，这些都是典型的例子。田沼意次的公用人[127]三浦庄二是备后福山藩大庄屋的弟弟。据说 1786 年（天明六年）时，三浦家参与了福山藩的农民大起义。由此可知，三浦庄二也是从农民晋升起来的。田沼意次出身寒门，他并不介意与这类人接触。

殖产兴业政策

田沼意次将施政重点放在了积极推进殖产兴业的政策上，这也是享保改革后半段的主要特征。他没有放弃控制财政支出、提倡节俭的复古主义财政路线，同时又注重增加幕府的财政收入。为了增征年贡大米，他沿袭了享保年间的政策，通过幕府拨款和大阪、江户豪商出资来筹资、兴修下总手贺沼和印旗沼的排水工程，不过工程最终并未取得成功。这一时期的商品生产比享保时期向前迈了一大步，因此比起增征年贡大米，田沼意次更注重汲取商品生产的成果。

这主要表现在田沼意次积极批准成立仲间、征收运上金和冥加金等方面。田沼时代批准成立的行会数量最多，仅天明年间成立的行会就多达130种。田沼意次还允许在乡町和农村的经营者成立株仲间，以此对其进行控制。

田沼意次采取这一方针的目的在于，通过大城市的特权株仲间来控制地方上的商品生产。因此，田沼意次势必会遭到新兴商人和生产者的强烈抵制。前面提到的大阪棉花批发商在平野、大阪、堺设立皮棉期货交易所。对此，以平野乡为首的摄津、河内、和泉三藩在乡町和农村发起了激烈的反对运动。最终，大阪与平野乡在1787年（天明七年）、堺在第二年废除了上述交易所。

在幕府的支持下，大阪的商业资本开始向身边的市民发起“攻势”。1767年（明和四年），大阪富商中的有志之士以支付950

两冥加银为条件，获准设立“家质奥印差配所”。大阪三乡及附近村子的町人、百姓在抵押宅院和各类股份时，需要得到家质奥印差配所的章印并向其支付手续费。市民对此愤怒不已，于翌年发起捣毁暴动，差配所最终被废止。正是在这一时期，绘草纸《梅花二王之门》出版刊行，描绘了支持暴动的仁王身先士卒，领导人们揭竿起义的故事。不过不久之后，该书便被定性为了禁书。

北关东地区养蚕业发达，逐渐在丝绸市场崭露头角，这引起了幕府的关注。1781 年（天明元年），幕府采纳批发商的建议，在武藏、上野两藩的 47 个市场设立“绢丝改役所”，企图借改善绢丝质量之名收取回扣。对此，商人们齐心协力，拒绝进行绢丝交易。失去买主的丝绢生产者群情激愤，发动了席卷整个北关东地区的暴动。迫于压力，幕府只好撤销了绢丝改役所。享保改革时，商品生产者也曾发动暴动，但是跟这次暴动相比，也只是小巫见大巫。此次暴动形式之严峻正好清晰地反映了田沼政治的基本意图所在。

不只是行会和市场，在稀缺产品方面，田沼政权还让特权商人以座或交易所的形式设立垄断集货机构，征收运上金。以矿物、药物为主要对象，银座、铜座、铁座、黄铜座、人参座、龙脑座、朱（朱砂）座、明矾交易所、石灰交易所、硫磺批发组织纷纷设立。其中，铜作为铸造钱币的材料和长崎贸易中的支付手段格外受到重视。因此这一时期与德川家康时代一样，采矿活动颇为繁盛。

田沼意次的货币政策是在金、银座町人的推动下实施的，这一点和之前的情况基本相同。而不同之处在于，其目的是在实行殖产兴业政策的同时刺激市场活力。明和五匁银和南镣二朱银是日本最早的有标识的银币，尤其是后者成色优良，在市场上广泛流通。但是由于南镣二朱银的滥发，上方黄金价格不断下跌，江户的黄金行情随之波动剧烈。在钱币方面，由于粗制滥造的铁钱、黄铜四文钱发行量巨大，因此自安永末年开始，黄金一两竟能兑换六贯文以上的钱币。普通民众成了钱币暴跌的最大受害者。对此，幕府不惜大量进口外国钱币，以此为原料重铸钱币，继续贯彻增加货币量以调节供求关系的路线。不可否认的是，商品流通量的增大确实使当时的物价变动没有像宝永、正德、享保年间那样剧烈。

贸易政策

贸易政策也是田沼政治的一个闪光点。政策规定，长崎贸易不再使用银币，而使用铜钱进行支付。而且三成的货款要用海参、鲍鱼干等俵物以及海带等海产品支付。从这一时期开始，幕府正式鼓励生产俵物，将俵物当作贡租品，派遣承包商到俵物的主产地——虾夷地和日本东北地区直接采购。东北各藩还奖励当地人从事海产品的生产，实现增产。但是，由于幕府实行垄断政策，致使幕府与各藩在这一问题上产生对立，幕府的海产品采购工作也陷入停滞状态。对此，幕府于 1785 年（天明五年）解散了承包商行会，将相关事宜交给“长崎俵物役所”代替自己掌控俵物生产、收购、出口的全过程。然而，这一措施加深了海产品生产者即渔民与藩、批发商之间的利害冲突，特别是激化了东北各藩与幕府之间、渔民与各藩之间的矛盾。

当时走私贸易猖獗，为了抑制这一势头，田沼意次采纳工藤平助的建议，与俄国开展贸易，将所得收益用于虾夷地的开发，并派遣官员到虾夷地进行调查。不过，田沼意次的下台导致这一计划并未付诸实践。从表面上看，对俄贸易有悖于闭关锁国的祖法，因此实施这一计划并非易事。但尽管如此，田沼意次依然勾画了这幅蓝图。而这也意味着日本国内的商品流通已经发展到了一定程度，这让田沼意次深感闭关锁国政策的制约和国内市场的狭小。走私贸易，实际上也是一种迫不得已的资本动向。

武士道德意识的变化与城市新风俗

田沼时代，幕府将大胆的经济政策与商业资本相结合，而这也引发了社会的巨大变动。在幕府官僚机构中，役方阶层的势力明显压过了番方势力。与此同时，此时人们的道德意识也与江户前期迥然不同。

“人世间，原本就是如此，要问我相信什么，我也不知道”（《尘冢谈》），在以门阀构筑起来的官僚机构中，这种老好人的态度才是官员们明哲保身的方法。而这一点也与贪污受贿行为紧密相连，互为表里。“合乎身份地致力国事，凡事力争第一，厌恶利欲之人，而今却穷困潦倒”（《世事见闻录》）这句话深刻揭示了旧式武士伦理的消亡。当时社会上流行这样一首打油诗：“生逢其时的，是极尽哀乐之人、骄奢淫逸之人、偷偷卖身的艺人、欺诈投机的商人。生不逢时的，是武艺、学问、御番众[128]、不屑奉承之人。”平贺源内也指出：“武士、町人皆沉迷于戏剧艺人的婀娜姿态，世风浮躁。”（《平贺鸠溪实记》）这一风气尤见于居住在江户的旗本、御家人之间。

生活困窘带来的绝望和无助是造成武士士风败坏的原因之一。不少贫穷的旗本、御家人向札差大量借款，只能靠抵押俸禄藏米来还债、靠干零活来勉强糊口。民众甚至冷嘲热讽：“人中武士竟要向藏宿借钱。”手头拮据的武士在妓院中也不受待见，有讽刺之言如“人中武士竟遭倾城（妓女）嫌弃。”（《柳多留》）将武士阶层逼入窘境的不仅有札差，还有由盲人发放的高利贷“座头金”。有打油诗讽刺道：“近年世上多见的，有零落武士、乞讨旗本、火灾夜盗、放贷座头、破产之家。”

早在享保改革时期，旗本就在奉行所中高声嘲笑过老中，甚至对将军也是冷嘲热讽。而到如今，这种现象更为严重。在私生活上，武士胡作非为，赌博、敲诈、打架、盗窃、杀人无所不作，流连妓院时甚至对妓女劫财劫色。在家庭生活上，武士妻女与人通奸的现象尤其值得关注。1785年（天明五年），俸禄四千五百石的大旗本藤枝外记与吉原妓女在百姓家的仓库中殉情。对此，有俗谣讽刺道："与君一夜销魂？还是珍惜五千石？五千石算甚，还是与君销魂。"这充分表明，武士无法安于封建伦理道德，彻底混乱的武士道也无法深入百姓人心。

田沼时代，江户文化迅速发展。进入兴盛期时，江户文化甚至取代了上方文化[129]的地位。而幕府放漫不羁的政治方针也助长了这一势头，使得城市风俗面目一新。

大城市风俗的流行起源于妓院和戏院。各藩都有驻江户办事处，这里的官员美其名曰业务接待，却在妓院挥霍公款。而不顾旗本、御家人的拮据，靠向其发放高利贷牟利的札差等町人也在这里过上了名为"藏前风"的奢靡生活，成为这里的座上宾，养得吉原等风月场盆满钵满。深谙游乐之道的十八大通[130]大多为札差，其中的代表人物是歌舞伎"十八番"中"助六"的原型——大口屋晓雨。他身穿窄袖小口、绣着家徽的黑色和服，胯别黑鲛刀鞘的长刀，腰挂印笼，脚踏别有银搭扣的袜子和木屐，一踏进吉原的大门，中町（贯穿吉原勾栏的中央街道）两侧茶屋的女人们便笑脸相迎，殷勤招待这位福神。

买卖兴隆的不只吉原勾栏。此前私娼被禁止在赤坂冰川明神社境内接客，但田沼主政后默许她们接客，还向她们征税。

之后，汤岛、茅场町等江户各地涌现诸多冈场所，致使吉原日渐衰落。俳名为“路考”的歌舞伎著名女角男演员二世濑川菊之丞颇受欢迎，甚至掀起一股“路考风”。他的发型、发饰、妆容、帽子、衣服、鞋袜等物尽显风流奢华之风，成为当时众人追捧的对象。

天明大饥馑和“米骚动”

然而最重要的是，都市武士和大町人的享乐生活是建立在牺牲农村利益的基础之上的。正如“大都会之人脑满肠肥，体格健壮，血气十足；边鄙远国之穷民劳顿疲惫，面带忧愁，以泪洗面”（《世事见闻录》）所说，随着田沼时代商品经济在全国范围内迅速发展，农民阶层也在进一步瓦解。

特别是这一时期自然灾害的频发加剧了农民阶层的分化。明和七至八年（1770—1771），各藩遭遇旱魃。翌年，江户发生火灾，各藩遭遇洪涝灾害，官方因此将年号改为“安永”。但此后天灾依旧不断。当时社会上有歌谣讽刺道：“年号安永不安永，物价高涨令人厌。”

1783 年（天明三年），在浅间山大喷发的预兆下，天明大饥馑拉开序幕，史称“卯岁饥馑”。这场成为后世漫长岁月里经久不衰话题的大饥馑持续数年，波及全国各地，生产力水平低下的日本东北地区受灾尤为严重。饿死者、患传染病致死者多达数十万。百姓饥饿难耐，吃光死尸后互相残杀而食，世间俨然一幅地狱般的景象。幕府、各藩出台的措施只是隔靴搔痒，收效甚微。据说当时“饿死者均为百姓、町人，官吏无一人饿死。”（清水文弥《乡土史话》）

饥馑肆虐又带来大城市的米价暴涨。江户零售市场平时能以一百文钱买到一升大米，到了1787年（天明七年）时只能买到三至四合（合，升的十分之一）。1783年（天明三年），大阪首先爆发抢米风潮“米骚动”。1787年，江户也发生了米骚动，并于翌年波及京都。两三年间，全国主要城市都爆发了米骚动。在米骚动中，江户的捣毁暴动尤为严重，整个城市陷入长达四

天明大饥馑，《凶荒图录》

饥饿的农民四处寻找食物。

天的无政府状态，此次暴动也成为江户幕府开设以来的大事件。财政方面，1782 年幕府纳米约六万石、纳金约十一万两，1783 年纳米六万石、纳金约三十万两，明显出现赤字状况。

在覆盖全社会的危机激化下，很早以前就反感田沼意次的亲藩和谱代大名对其进行了更加猛烈的批判。1784 年，田沼意次之子田沼意知因私怨被佐野善左卫门杀害。当时的人们把佐野善左卫门称成“改世大明神”，世间一片喝彩。想必田沼意次的政敌也都持有同样的看法。在那之后的两年里，田沼意次虽然还在主政，但其庇护人德川家治将军一死，他便立刻被赶下了政治舞台。

封建制度危机以及知识分子的立场

田沼时代，封建制度的结构性危机凸显让统治者产生了深刻的危机意识。

德川吉宗曾说：“我有心得，居其上，难闻下事。居其下，易疑上事。故政事不分大小，任其些小细微，也不易遮掩。”（《德川实纪》）可见，统治者已经开始对“可使由之，不可使知之”的专制体制产生了怀疑，但此时还不足以称为危机意识。

到了宝历年间（1751—1763），有人开始站在知识分子的立场，在幕府官吏面前明确指出封建制度的危机。宝历事件中的被告竹内式部就是其中之一。竹内式部潜心钻研垂加神道，在下层公卿的斡旋下，竹内式部得到了向桃园天皇侍讲垂加神道的机会。保守派上层公卿将此事汇报给了幕府，想借此压制下层公卿。再加上神道各派纷争不断，最终酿成了宝历事件。事件后，竹内式部被处重流放[131]。在法庭上，官吏问他是否认为当今天下很危险，竹内式部果敢回答："天下危在旦夕。"(《纠问次第》) 这句话让在场的幕府官吏大惊失色。同一时期，安藤昌益思想成形。1758 年（宝历八年），马场文耕因《平假名森之滴》一书暗讽幕府镇压宝历年间的美浓起义而被问斩。而这两人的思想和立场也都与竹内式部密切相关。1767 年（明和四年），因参与明和事件[132]被判处死刑的军学家山县大弍的思想距否定幕府统治只有一步之遥。1768 年（明和五年），米泽藩侍医藁科贞祐发出警告："稍微催缴年贡百姓都会痛苦不堪，日久必生变故……天下暴乱四起……此非天下大乱之兆？实乃我藩主小心防范之事。"国学家本居宣长也指出，农民起义、捣毁暴动的激化"都是上面的过失"(《秘本玉匣》)。在天明大饥馑最严重的时候，洋学家杉田玄白曾断言："领主、地头日渐衰微，似有下级掌权之势。"(《后见草》)

1786 年（天明六年）至翌年，备后福山藩爆发大规模农民起义。领导这次起义的秘密组织太平组要求废除棉花专卖制、减免年贡。此次起义基本达成了预期的目标，而且据说无一人牺牲。这些农民斗争取得的进步让有识之士颇为感慨。

二、各藩改革

江户后期的藩政改革

田沼时代，各藩和江户幕府面临着同样的现实问题，只不过各藩内部的生产情况以及与之相应的政策各有不同而已。各藩都将改革重点放在政治统筹上，其目的是掌控发展起来的农村商品经济。江户后期的“明君”之一——肥后熊本藩主细川重贤施行宝历改革的重点也是如此。

肥后领内土地生产力较低，农民贡租占收获量的六成以上。自享保年间（1716—1734）起，熊本藩人口增长停滞，农民阶层分化严重。而且，熊本藩的财政问题严峻，不偿还大名贷的案例数在各藩中名列第一。熊本藩“家风不正”（《町人考见录》），以至于鸿池拒绝为其销售货物。在这种情况下，1747 年（延享四年）就任的藩主细川重贤痛感必须采取不同以往的改革方针。首先，他在改革中依靠的不是门阀上层势力，而是中级藩士阶层，其代表人物堀胜名（通称“平太左卫门”）位居改革中心。同时，细川重贤还制定了“世减法”，为有功劳的下层藩士打开晋升之路。

贡租的增收已经冲顶，因此细川重贤耗费 1757 年（宝历七年）至 1769 年（明和六年）的十三年时间实施领内总检地。通过这一措施，细川重贤将地主应得的份额纳入贡租，采取定免制，引进金纳乡士制度（交纳一定数额的金钱成为乡士），以此稳定藩内收入。

不过，肥后熊本藩改革的新意在于殖产兴业。熊本藩奖励养蚕业和丝织业，引进京都西阵的纺织技术，并在藩内积极推广和普及，让农民以此为副业。然而，由于桑树的生长不尽如人意，因此这一计划并没有取得预期的效果。另外，农民还被要求在所有的空地上见缝插针地种植蜡的原料野漆树和纸的原料楮树。但是，这些收益几乎都被藩内的国产交易所“栌方”侵吞，农民没有得到任何实惠。栌方还在各衙门开展高利贷业务，美其名曰“货殖”，从领内特权商人手中获得抵押，以此为条件允许他们发行票据，使藩国可以从中赚取利差。然而，商人们滥发空头票据的行为给藩内商品流通带来混乱。1802 年（享和二年），下级藩士与商人、农民一同发起大暴动。藩内财政因此越发不稳，再次陷入债务违约的困局。至 1812 年（文化九年），熊本藩的财政赤字竟高达九十万两。

细川重贤因此改弦更张，将改革理念转换为儒学的教化主义，开设藩校时习馆，奖励人们钻研学问，废除水牢和流放等刑罚，让囚犯从事各项工作，将其劳动工资充作出狱后的生活费。

由于藩内财政十分严峻，仅靠征收产品贡租无以为继，因此细川重贤推行殖产兴业政策，与城下町商人共享收益。这也是本次改革的最大亮点。然而，这一政策因屡遭生产者和农村商人的抵制而摇摆不定。1783年（天明三年），古河古松轩[133]扮作修验者[134]考察熊本藩领地后指出："他藩赞誉此藩主为贤君，吾亦听说经济官吏堀平太左卫门为良臣……然私以为其不施仁政。"（《西游杂记》）这一事件充分表明所谓"明君""贤相"的评判水分较多，不能全信。

《日暮砚》一书盛赞信州松代藩家老恩田木工的改革，但实际上也并非如此。初代藩主真田信之坐拥十万石领地，死时留下三十万两丰厚财产。可惜的是，松代藩与其他藩一样，在四五年间就将初代藩主的遗产挥霍殆尽，至宽文年间终于陷入慢性的财政困窘之中。对此，藩内加重了对农民的苛税，越级上诉事件"二斗八骚动"也由此爆发。至藩主真田信弘一代，他响应幕府享保改革号召，实行财政紧缩政策，财政状况暂时好转。然而好景不长，1740年（元文五年）松代藩的财政状况再次出现混乱，藩内举债飞升至一万八千六百余两。1750年（宽延三年），藩主新招门客田村半右卫门废除检见法和宗门改制度，下令增收百分之十五的年贡。只要缴清年贡，赌博、偷盗一概不予过问。结果，这一政策引发了史称"田村骚动"的农民起义，田村半右卫门因此被赶下台。据说，田村半右卫门是忠臣藏故事中的著名人物大野九郎兵卫之子，是落魄的郡左卫门，也是田沼意次的小型翻版人物。

信州松代藩藩政极度紊乱，为了摆脱危机，藩起用了恩田木工。在《日暮砚》一书中，恩田一家节衣缩食，对领内民众言必信，行必果；为官清廉，从不受贿；绝不强制提前缴纳年贡，承诺不向町人征收御用金[135]，但又建议百姓不要欠缴年贡。恩田木工的主要改革内容是整理并废除一部分旧杂税，将贡租改为每月以现金缴纳，债务和年贡未缴纳的部分分年偿还。

恩田木工的改革以信赏必罚为纲领，对反对改革的保守派采取宽容的态度。这一点也使得此次改革并未遭到较大阻力。不过诚如《日暮砚》所言，虽然恩田木工为改革倾注一腔热血，但财政状况丝毫没有好转的兆头，领内也并未因此富裕起来。之后，藩内财政依然是拆了东墙补西墙，沿用御用金政策来弥补财政赤字。

江户后期的御家骚动

江户后期，除熊本藩、松代藩外，改革也在其他许多藩进行。与此同时，御家骚动也在各地爆发，且性质与江户初期有所不同。江户初期正处于藩制确立阶段，藩主一门和谱代老臣会为了争夺藩主位于大打出手。而今，为了解决藩政问题，上层藩士和中层以下藩士会在财政、经济政策上展开激烈交锋。松代藩的田村半右卫门门第低下，家史不长，却受到重用，主持藩内的财政工作，这种现象在其他藩也比比皆是。加贺藩的御家骚动从元禄年间持续至宝历年间，长达三十年之久，对立双方分别是茶坊主[136]出身的大槻长元（又名“大槻内藏允”），以及藩主一门和老臣。宝历年间秋田藩发生御家骚动，其性质与加贺藩大同小异。在财政拮据的中小藩中，御家骚动的情况更为严重。三河冈崎藩的水野氏也不例外。

在谱代大名中，水野氏与酒井、榊原、井伊、本多等氏族一样，与幕府保持着最为密切的关系。在享保改革中，水野忠之曾担任胜手挂老中负责财政工作。以天保改革的主角水野忠邦为代表，水野氏涌现了许多在幕府担任要职的藩主。在这类藩中，藩主普遍无法专心于藩内政务，一般将其委任给门阀老臣。冈崎藩领地规模五万石，其中包括棉花等商品生产较为发达的三河地区。不过由于农民负担沉重，境内的矢作川又频发水灾，因此藩内经济始终处于凋敝状态。再加上老臣阶层采取的保守经济政策，使得藩内财政和藩士的生活水平慢性恶化，农民起义、下级藩士出逃案例层出不穷。

1737 年（元文二年），年仅 14 岁的水野忠辰就任藩主，痛下决心进行改革。他推行彻底的财政紧缩政策，压缩藩内财政支出，将自己一天的饭费减少到一百文钱以作表率。这些措施很快收到了成效，藩内财政甚至能够盈余五万两左右。同时，水野忠辰还在中下层藩士的继承制度上进行改革，为他们开辟晋升道路。他从名为“步头”“小纳户”的中级藩士中选拔人才，加强侧近实力，打破三名家老和年寄对藩政的垄断，与近臣联手革新藩政。水野忠辰醉心儒学，提倡“仁政”，停止向藩士征借知行和俸禄，向农民承诺减免一半贡租，为改革廓清道路。

然而，改革尚处在起步阶段就立刻招来老臣阶层的强烈反对。他们集体拒绝处理政务，逼迫水野忠辰处罚身边近臣。对此，水野忠辰表示如果反对，自己唯有切腹自尽。可即便如此，老臣依然拒不退步，称如果这是为了水野氏，那也是不得已的。最终，无可奈何的水野忠辰放逐了侧近家臣。改革受挫的水野忠辰心灰意冷，悠游放荡，奢靡腐化，丝毫不见从前的影子。水野忠辰的生母顺性院也悲痛欲绝，最终自杀身亡。

1751 年（宝历元年），老臣强行将水野忠辰软禁，向幕府报告称水野忠辰精神失常，逼迫水野忠辰隐退。水野忠辰愤愤不平，不停大喊道，如果我失当至此，为何此前无人劝谏！翌年，幽禁中的水野忠辰去世，年仅 29 岁。民间有首打油诗如此唱道："监物[137]假手弑君父，家老年寄杀少主。"当时，藩主水野忠辰的官职是大监物。这首讽刺藩内骚动的打油诗说的是，如果说水野忠辰杀了自己的君父，那么家老、年寄则杀害了自己的主子。

三、新学问和新思想

国学的成立

田沼时代，幕藩体制的主体结构开始动摇，学者、浪人等知识分子阶层开始感受到封建社会的危机。但另一方面，田沼时代又是孕育新学问和新思想的沃土。萌芽于元禄时期的国学在这一时期正式形成正得益于上述环境。在这一过程中起到决定作用的是贺茂真渊及其门人本居宣长。

贺茂真渊是远江滨松的神官之子，师从荷田春满，之后来到江户开办名为“县居”的私塾，门人众多。国学的中心也随着贺茂真渊从大阪、京都地区转移至政治中心江户，这对当时的社会产生了重大影响。与此前的国学相比，贺茂真渊的国学学问取得了巨大进步。他在国学各领域硕果累累：其一，研究日本歌学，代表作有《万叶考》《冠辞考》等；其二，研究物语文学，代表作有《伊势物语大意》《源氏物语新释》等；其三，研究古道（指日本神道），著有《国意考》。贺茂真渊将之前分散的国学研究整合为完整的学问系统，在国学形成的过程中功不可没。

贺茂真渊认为儒、佛二教传到日本导致日本古道丧失殆尽。他主张将儒学和佛教因素从日本古道中剔除，依照古例施行日本固有的神代之道。他赞美“直抒胸臆”（《歌意考》）的万叶和歌，认为这是“男子汉的风采”(《新学》)。由此可见，贺茂真渊从文学理论肯定、强调了日本国学的感情主义。

贺茂真渊否定了儒学在日本国学中的作用，这也无意中加强了对封建道德说教的批判。诚然，徂徕学对贺茂真渊的思维方式产生过重大影响，但贺茂真渊认为，自然无为的老庄之道才最符合神道的精神实质，他强烈拒绝理性思考，为神秘主义开启一扇大门。不过，贺茂真渊主张日本自古以来就有自我之道，这其实是对儒学的借鉴。

贺茂真渊门下人才辈出，其中最有实力、能够继承其衣钵的非本居宣长莫属。本居宣长生于伊势松阪的棉花批发商之家，决定其学问性质的，恰好是他出生的、与农村产地毗邻的商业城市松阪，而且还是松阪的棉花批发商家庭。新兴批发商具有灵活的经营头脑，再加上从事医生这一职业，本居宣长的社会视野变得更加开阔。本居宣长的学问领域比贺茂真渊更宽广，主要分为以下三类：其一，文学理论研究，代表作有《源氏物语玉小栉》《紫文要领》《石上私淑言》等；其二，提倡古道说，代表作有《古事记传》《驭戎慨言》《直毘灵》等；其三，研究古语，代表作有《词玉绪》《玉霰》等。特别值得一提的是，他在名为“铃屋”的书斋中，耗费三十余年的心血写就了四十九卷的《古事记传》。

本居宣长指出，文学的本质是心灵与外物碰撞时的自然状态，并非为了悟道或劝善惩恶等目的而存在。他还说：“人欲非天理。”(《直毘灵》) 这表明他从肯定感情主义的文学理念出发，萌生了一种自然主义的快乐学说。本居宣长还提出“物哀”理论，以此寻求平安时期贵族文学中人最极致的真情。徂徕学一方面在一定程度上理解被统治阶级的心情，另一方面又主张统治阶级应该用礼乐来统治他们。而本居宣长则不同，他在充分契合民众心情的基础上，发展出了“物哀”的世界。

本居宣长通过钻研《古事记》，将古道说发展成为系统的复古神道。不过，这些研究首先是建立在他坚信《古事记》和《日本书纪》所记载的都是事实，认为应该毫无批判地遵从神所创造的道这一基础之上的。因此，他认为“今日之行只须时时遵守公之御定，即神道也”(《葛花》)，以此对幕府的政治予以了肯定。本居宣长虽然在其政治经济学著作《秘本玉匣》中尖锐地批判了田沼意次的政策措施，但他这样做的目的只是列举一些让国君引以为戒的现象，以供施政参考而已。本居宣长的阶级并没能超越“被统治的上层阶级”“封建制度下的寄生地主和富商”这一框架。也正因如此，他的学说才会得到武士、町人、地主、神官、僧侣等诸多阶层的支持。

安藤昌益的思想

针对上述国学思想中的局限性，安藤昌益提出了明确的反封建主义思想。这一点也使得安藤昌益备受瞩目。安藤昌益出身武士，1719 年（享保四年）被奥州八户藩驻江户的医生户田作庵收为养子。但是不久之后，他被养父扫地出门，在八户开设诊所，约于宝历（1751—1763）末年去世。安藤昌益的传世之作是《自然真营道》和《统道真传》。在这两本书中，受儒学、易经、老庄等思想影响较深的安藤昌益阐述了颇为独到的自然哲学观。

安藤昌益非常推崇人类的自然生活——“直耕”，认为万众从事“直耕”、无阶级无剥削无战争的“自然世”才是理想的社会。他指出，最可憎的是不事稼穑、寄生在他人“直耕”之上的“不耕贪食”之徒。将无阶级的“自然世”转化为阶级社会“法世”的，是圣人以及根据圣人之道施政的统治阶级。他认为当世的武士阶级都是游民，指责其为蚕食民众“直耕”成果的“逆贼”。他还猛烈攻击了高利贷商人、僧侣、学者、医生对民众“直耕”成果的寄生行为。

与本居宣长不同，安藤昌益在思想上明确否定了幕藩体制。他理想中的“自然世”带有浓厚的农本主义和乌托邦色彩，这种要求变革的思想诞生于生产力水平低下、农民尚且无法摆脱土地束缚的日本东北地区。早在宝历年间，这种思想就已经形成了。

同为医生、几乎出生于同一时期的三浦梅园提出一种名为“条理学”的自然哲学理论，颇具特色。他阐述了“反观合一”的辨证思维方式，重视人的本能和社会行为，同时对振兴农村的政策也有研究，曾提出通过商品物资的增产来降低物价。这些观点无一例外地展示了三浦梅园敏锐的经济观。

洋学的发展

田沼时代不但孕育了日本国学，还使得洋学尤其是兰学实现了划时代的发展。继德川吉宗的实用学问奖励政策后，田沼时代的幕府和各藩实施的殖产兴业政策也促进了洋学的发展。但是让洋学发展起来的最根本原因，还是日本全国范围内的商品流通发展过程中，人们对相关经验和知识的渴求。

1774年（安永三年），杉田玄白、前野良泽等人将荷兰语译本的德国解剖学著作 *Anatomische Tabellen* 译成日文，命名《解体新书》。杉田玄白还在《兰学事始》一书中详细介绍了他们花费四年的心血译完这一大作的历程。《解体新书》的出版和刊行促进了洋学的兴起，具有划时代的意义。继而，杉田玄白的门人大槻玄泽写就《兰学阶梯》一书，成为洋学的入门书籍；稻村三伯编纂了日本最早的荷兰语辞典《波留麻和解》。地理学方面，本木良永在这一时期给日本带来了地动说。此前，山胁东洋、吉益东洞等人倡导汉方医学，注重实验和实证，而这一时期近代医学方法的引进使得日本的医学基础进一步被夯实。

日本数学“和算”是以中国数学为基础发展起来的。江户中期，天才数学家、和算的集大成者的关孝和将其应用到了检地和测量上。

田沼时代，矿山和产业的开发加大了对物产学的需求。这一领域的代表人物是平贺源内等受洋学影响的学者。平贺源内在多个领域发挥了卓越的才能，他举办物产会，试造摩擦发电器，开采秩父金矿，栽培甘蔗和人参，用荷兰制陶法烧制赞岐地区名为“源内烧”的陶器。

与此同时，外国人也开始潜心研究日本，代表作有荷兰商馆医生桑波格（Carl Peter Thunberg）在故乡瑞典公开出版刊行的《日本植物志》、荷兰商馆馆长提廷（Isaac Titsingh）出版的《将军列传》等。

如上所述，田沼时代涌现诸多新思想家，他们站在儒学的基础上引进洋学的世界观。当然，朱子学“格物致知”的精神实质与欧洲近代自然科学有本质上的区别，但不可否认的是，朱子学精神与自然研究的结合奠定了日本引进洋学的基础。

平贺源内将万物元素分为地、水、火、风四大类。他认为火是万物的本体，因而是灵魂的实体。死亡意味着火灭。火灭，灵魂就不会残留。平贺源内以此否定了佛教的地狱说和极乐说。另外，他还在《风流志道轩传》和《放屁论》中痛骂：“这是谎言构筑起来的世界。”

比平贺源内稍晚一些的有司马江汉和山片蟠桃。司马江汉是日本西式铜版画的开创者。为了练习绘画，他从长崎和平户一路走到京都和大阪。在这一过程中，他亲眼目睹了民众在封建制度苛政和天明大饥馑等天灾下痛苦不堪的样子，并对其抱以深深的同情。司马江汉曾批判道：“吾日本之人不好究理……不述信实”（《春波楼笔记》）。他信奉地动说，持有与平贺源内同样的朴素唯物主义世界观。他还以“上自将军，下至农工商、乞丐，皆以为人也”（《春波楼笔记》）之言，批判封建身份等级制度，主张人人平等。

山片蟠桃俗称“升屋小升右卫门”，曾是大阪富商的店铺“升屋”的掌柜。升屋经营困难，山片蟠桃便担负起经营的重担，利用仙台藩的购米制度重振升屋的生意。出于这份功劳，山片蟠桃被提拔到了与主家亲戚等同的地位。1798 年（宽政十年），山片蟠桃出仕藏元，在重振仙台藩财政方面大施拳脚。除此之外，他还向数十个藩的大名发放高利贷，并因此闻名四方。在经商的同时，山片蟠桃师从中井竹山，在怀德堂钻研学问，并逐渐对洋学产生了强烈兴趣。位于大阪的怀德堂是面向大众的私塾，其教育理念是学问领域不分贵贱，武士、町人可以一起上课。值得一提的是，与山片蟠桃同门的有个叫作富永仲基的学者，其著作《出定后语》为批判佛教打下了基础。山片蟠桃在其所著的《梦之代》中阐述了自然科学世界观，批判了神代史，攻讦了儒教、佛教的迷妄。他和司马江汉等人一样主张人人平等，指出：“古今之人无上下之分。”（《梦之代》）

第八章　宽政改革与江户文化

《妇女相学十体·轻浮之相》，喜多川歌麿

一、乐翁和鹰山

松平定信就任老中

对于目睹了天明大饥馑惨状的幕府当局来说，最头疼的是如何收拾田沼意次留下的政治烂摊子。1786 年（天明六年），德川家齐继任将军，年仅 15 岁。在水户藩、纪伊藩、尾张藩这御三家以及其他势力的支持下，新任将军虽然将田沼意次及其党羽赶下了台，但在选定继任候选人上仍然费了一番功夫。时隔多年，政权再次回到了谱代大名手中。但是，有些谱代大名此前极力逢迎田沼权势，现在依然与其藕断丝连，因此不能指望这些人革新幕府政治。于是，御三家再次物色人选，最终将改革的令旗交与溜间诘[138]谱代大名极力推荐的奥州白河藩主松平定信（号“乐翁”）。

松平定信是御三卿之一的田安宗武的次子、德川吉宗之孙。他为官清廉，人品端正，担任白河藩主期间政绩良好，赢得了谱代大名阶层的普遍信任。松平定信为了重建天明大饥馑中百废待兴的白河藩藩制付出了艰辛的努力。当时藩内生产力低下，商品生产落后，面对这一严峻的事实，松平定信首先将政策重点放在了维护封建土地所有制上。他禁止杀婴陋习，为了增加生产人口，给白河藩的分藩越后的女性发放路费，让她们移居白河地区，强制她们与当地男子结婚。天明大饥馑时，他把从江户运来的粮食发放给难民，使得本藩几乎没人饿死。

1787 年（天明七年），松平定信就任首席老中。他曾对田沼政治深恶痛绝，好几次想拔刀杀掉田沼意次。但即便如此，当松平定信亲自上阵挽救幕府危机时，他同样感到了力不从心。他对御三家提出很多要求，例如希望得到将军的特殊信任；如果财政状况得以改善，自己将在翌年辞去老中一职，等等。翌年正月，松平定信向江户灵言岛吉祥院的欢喜天神奉上闻名于世的祈福文，以悲壮的决心祈求神灵保佑成就其政治抱负，以保自己和家人的性命。

打压商业资本

在实行改革的过程中，松平定信只留下田沼时代的老中、若年寄共三人，余下全部免职，将户田氏教、松平信明、本多忠筹等政治盟友提拔为老中，确立同党合议、共同运营藩政的制度。

改革的第一板斧是应民众要求，废除田沼时代的人参座和油专卖制，叫停大阪、平野、堺的皮棉期货交易所。这并不是松平定信的政治秀，而是其改革的重要特征——“打压商业资本”的必要手段。松平定信辞去职务后的1800年(宽政十二年)，幕府以延滞缴纳“上纳银”税赋为由，一举罢免了银座的町人，将此后的银币铸造收益全部归为幕府所有，将银座的直营权收归幕府。自开幕以来，坊间一直流传着这样一首俗谣：“连御老中都不能插手的，是大奥、长崎和金银座。”(《世外井上公传》)此前银座町人这一传统势力一直在幕后操纵着幕府的货币政策，其特权地位稳如泰山。而今，银座町人势力被清除殆尽，幕府官僚势力在幕府的财政政策上越发具有话语权。

在整顿幕府财政之际，松平定信效仿享保改革，彻底贯彻抑制财政支出的方针。由于改革重点被放在了重农政策上，因此幕府能够顺理成章地持续打压商业资本。1789年(宽政元年)，幕府颁布《弃捐令》，命令札差放弃六年以前的旗本债款，六年以内的债款分年偿还。这一命令可谓当时幕府对商业资本的一记重拳，札差与旗本之间高达117 800两的债款一夜间化为乌有。

对风俗和出版的统制

幕府不断出台新的措施，如禁止买卖奢侈品、借整顿风俗之名限制城市居民消费等。由于各藩驻江户办事处的人员同属江户居民，因此这一类人所举办的奢侈宴会同样被官方取缔。幕府禁止女人到理发店理发，这与“自己的头发自己收拾”这一复古意识有着密切的关系。田沼时代默许的私娼至此也被废除，在街上逮捕的私娼将被带到吉原做两年公娼。幕府还禁止混浴，将浴室分为男女，做不到这一点的澡堂也可实行男女隔日洗澡的营业模式。理发店和公共澡堂是江户儿的社交场所，这样一来，江户人在生活中的一半乐趣都被剥夺了。与此同时，田沼时代大行其道的博弈和赌博也被叫停，这让很多赌徒失去了生活来源，转行当上了盗贼。

为贯彻法令，幕府派出大量密探到江户市内监视。可是，不少密探收受贿赂，睁一只眼闭一只眼，因此幕府不得不再派一批密探去监视、揭发他们。这类现象不仅出现在宽政年间。由于江户密探人手不够，江户官方还雇用市内妓院的一百五十多名男打手当眼线，大阪方面甚至雇用部落民（秽多和非人）当密探的眼线。此时的百姓哪怕在澡堂里说半句批判幕府政治的话，都会被乔装成顾客的密探带走，吃尽苦头。

幕府对出版业的管控比享保改革时期还要严厉。林子平著有《三国通览图说》《海国兵谈》，讲述亚洲形势，认为“从江户日

公共澡堂“钱汤”,《浮世澡堂》,式亭三马

陌生人互相搓背，轻松自在。

本桥到中国乃至荷兰都是没有边际的水路”，因此加强海防迫在眉睫。幕府以林子平不过一介浪人，却向社会散布无稽之谈、动摇民心为由，命其在家反省，没收其出版物和木版。林子平虽然穷困潦倒，但仍然泰然自若、诙谐幽默地说，“无父母，无妻儿，无木版，无金钱，却也不想死”“读书破万卷，多知而无罔”。此外，青楼文学“洒落本”也被列为禁书，违反此禁令的代表作家山东京传受到处罚，浮世绘画家喜多川歌麿也同样遭到严惩。

可尽管如此，江户幕府也并非一味对城市居民采取高压政策。天明年间爆发前所未有的捣毁暴动，幕府不想再发生此类事件，因此全力下调江户物价。商人不降低物价是因为地价、房租高居不下，而地价、房租过高则是因为房东负担的城市管理费用“町入用”很高。因此，幕府修改了城市管理费用法“町法”，节省三万七千两左右的城市运营管理费。幕府每年将其中的七成储蓄起来，以备饥荒等天灾，将两成分给地主，剩下的一成用作城市运营管理的备用费。这就是所谓的“七分积金法”。这一措施的目的是减少对城市居民的管控，减轻江户上层市民的负担，以此怀柔百姓。

农村的复兴

宽政改革的主要目的是阻止天明大饥馑导致本百姓阶层分化，稳定封建土地税收。在这一过程中，以松平定信为首的幕阁大名的藩政改革经验派上了大用场。他们要求幕府的代官、大名、旗本武士也须囤积稻谷、攒钱以备饥荒，禁止杀婴，保障农业人口。1788 年（天明八年），针对陆奥、常陆、下野三藩农村荒废严重的问题，幕府和各藩下令外出务工者必须得到领主的批准，并向已经外出务工的人发放回乡的路费、粮食和农具费用，分给他们农田耕种。由于脱离居住地户籍的无家可归者和流浪汉不断增加，造成严重的社会问题，因此幕府在江户石川岛设立职业传授介绍所“人足寄场”，强制他们在此劳动，并让他们用所得的工钱找正式的工作。

异学之禁

幕府在管控风俗和出版业的同时，也在加强对学术界“乱象”的管制。具体表现为1790年（宽政二年）发布的“异学之禁”。由于以林家为首的学派陷入传统学说窠臼，因此此前被幕府视为官方学问的朱子学也失去了权威地位。与之相对，徂徕学由于打出改革现状的旗号，符合因藩制危机而苦恼不堪的藩主意愿，因此在各藩的文教政策中占据主导地位。

这一时期，井上金峨、片山兼山、细井平洲等人提倡的“折衷学”非常盛行。他们以徂徕学的批判者自居，但其学说内容不过是折中了朱子学、阳明学和古学的思想。其目的在于，对儒学作出合理性解释，批判学界的派系斗争和研究的不彻底性，主张自由研究、自由讨论的学术风气。很明显，折衷学是在正确吸收徂徕学的基础上，谦虚地接受了当时盛行的经验科学而形成的。但是另一方面，很多学说反映了田沼时代的政治形势，把学术当作追逐利益和沽名钓誉的手段。这种倾向在江户尤为明显。

针对这一形势，松平定信起用“宽政三博士”——柴野栗山、冈田寒泉、尾藤二洲以及古贺精里为幕府儒官，命其在圣堂讲学。他将林家的学堂昌平黉改为幕府的官方学校，改名“昌平坂学问所”，革新朱子学内容，取缔不符合官方立场的“异学”。“异学之禁”并非禁止朱子学以外的学派，但是这些学派既然被明确定义为破坏风俗的异端学问，因此顾忌幕府的各藩自然也对徂徕学、折衷学敬而远之了。松平定信本人虽表面信奉朱子学，但在政治伦理上却对徂徕学产生了共鸣。他剥夺了林家在幕府文教领域的领导权，试图让幕府直接行使这项权力。松平定信将昌平黉定为官方学校，让旗本、御家人的子弟入学，其目的就是为了培养合格的封建官僚，为幕府政权服务。

松平定信对洋学的态度与此相似，规定只准学习、利用洋学中的技术知识，使其不威胁朱子学的权威地位。松平定信致仕后，幕府沿用了他的这一想法，以下便是一例：制定“宽政历”的高桥至时、间重富等人是当时具有代表性的天文学家，他们被聘到幕府的“天文方”机构，在幕府的主持下进行天文、历法方面的研究。1800年（宽政十二年），伊能忠敬启动测量日本国土这一极难的工程。如果他不是高桥至时的门人，也不是幕府官员的话，恐怕很难完成这一工程，与现代日本地图相比毫不逊色的《大日本沿海舆地全图》恐怕也无法得到世人的关注。本木良永的门人志筑忠雄在其所著的《历象新书》中介绍了牛顿的引力学和太阳系运动学，这也是在宽政改革这一历史背景下产生的。

在宽政改革实施的过程中，民众虽然进行了反封建斗争，但似乎并不如田沼时代末期那样剧烈。然而，松平定信的一些政治方针过于吹毛求疵，致使人人惶恐不安，因此也逐渐引起了各阶层的反感。改革之初，江户民众称颂松平定信是“文武两道左卫门世直殿”，意思是文武双全、改变世道的大人。但之后人们将其批评为“痒痒挠儿够不到痒处，于是便挠脚心”（痒痒挠儿在日语中写作“孫の手”，暗指第八代将军德川吉宗之孙松平定信。此句讽刺的是松平定信改革抓不到要点），甚至还说“白川的清水断流了，于是就开始怀念田沼”。可见，此时已经出现了怀念“恶政之典范”——田沼时代的趋势。幕府官员中也有人讽刺松平定信的改革，太田蜀山人就曾写道：“世上没有比蚊子更令人心烦的，嗡嗡嗡嗡，夜夜难眠。”（《牋策杂收》）“嗡嗡”音同“文武”，讽刺的是文武双全的松平定信。旗本植崎九八郎也挖苦松平定信称：“实与世人初见不同，才干平平。”（《牋策杂收》）

北方问题的走向

如上所述，幕府改革在日本国内不得人心。不但如此，幕府还要处理首次面临的外交问题。18 世纪初，俄国步步南下，势力延伸至千岛，意图加强与日本的交通联系。从田沼时代开始，幕府屡屡提及北方问题，一是因为，俄国对虾夷地虎视眈眈，江户幕府感到威胁；二是俄国人在虾夷地开展经济活动，让日本人觉得虾夷地在经济上大有可为，唯利是图的商人和经济学者也开始对虾夷地产生兴趣。

1789 年（宽政元年），本多利明完成《虾夷拾遗》一书，认为虾夷地具有开发的潜力。此前，田沼意次为了开发虾夷地派遣调查团进行前期调查时，本多利明的弟子最上德内曾随团前往，并对虾夷地的开发价值表示了肯定。在天明大饥馑时期，本多利明曾到日本东北地区旅行，深入社会，积累了许多深刻的社会经验。这种危机感在本多利明所著的《西域物语》《经世秘策》等书中形成了系统的“自然治道”理论。这一理论论述了在统一国家君主的领导下，应该采取怎样的经济政策来富国爱民，较早地指出了封建国家向近代国家过渡的新型政治方向。不过，这一前卫的见解很难被封建统治者采纳。

1792 年（宽政四年），俄国使节拉克斯曼（Adam Laxman）来到根室请求通商。松平定信以闭关锁国的祖法为由，冷淡地拒绝了拉克斯曼。之后，松平定信只是巡视伊豆、相模，表示会重新考虑经营虾夷地。他对世界地理的认识极为浅薄，以至于司马江汉还曾就这一点嘲讽过他。

松平定信下台的直接原因是“尊号事件”，他反对光格天皇给父亲典仁亲王太上天皇的尊号。松平定信费尽周折按下朝廷势力，可他又想把将军德川家齐的亲生父亲立为大御所，这一下惹怒了与之对立的大奥势力。最终，松平定信倒在了大奥势力的阴谋诡计之下。

米泽藩的改革

在幕府施行宽政改革的同时，各藩也在领地内进行改革，特别是东北各藩的改革备受瞩目。这是因为，主持幕府改革的松平定信原本就是东北一藩的藩主。出羽米泽藩主上杉治宪（号“鹰山”）与细川重贤并称“明君”，他所推行的改革就是其中一例。上杉氏是自上杉谦信以来的名门，但因宽文年间的藩主继承问题，其领地由一百二十万石被大幅削减到十五万石，藩内收入不足两万石。再加上参勤交代、帮助幕府营建土木工程，米泽藩支出庞大，财政进一步恶化。1764 年（明和元年），藩主上杉重定心灰意冷，决意将领地归还幕府。

米泽藩自设藩以来一直实行“半石半永”的贡租制度，即一半用米、一半用钱来缴纳税款，农民也很早被卷入货币经济当中。此外，米泽藩还一直通过检地来增加年贡，蜡、漆、红花、绉纱、棉花等农民生产的稀缺产品被藩内垄断机构收购，剩余的大米也被以低价的年贡米收购。在这种情况下，农民贫困加剧、农民阶层逐渐瓦解也就不足为怪了。而参与米泽藩的商品经济获得巨额利润的，是江户的三谷新九郎以及京都、米泽城下的特权商人。米泽藩的藩士俸禄微薄，大多只有五十石以下的禄米。由于不断借高利贷和纳税，他们的生活每况愈下。因此，他们会在家做些零活或者打日工来糊口，也有不少人选择继续借高利贷。辞去武士公职还算好的，有的武士当上农民起义领袖或者带头发起捣毁暴动，公然与藩主兵戎相见。这种现象已经不能用士风颓废来形容了。

1767 年（明和四年），上杉治宪接替上杉重定出任家督，时年17岁。摆在他面前的藩政前途一片灰暗。上杉治宪矢志改革，诛伐前任藩主宠臣森平右卫门，将包括竹俣当纲在内的家老以及奉行级别的部分重臣作为改革的主力军。森平右卫门原为前任藩主上杉重定的近侍，晋升后掌握藩政实权，致力于殖产兴业，在这一点上他和田沼意次非常相似。森平右卫门下台后，谱代阶层重掌政权，这一点也与之前的情况相类似。

上杉治宪的执政理念深受老师细井平洲的影响，他主张："为国家人民立君，而非为君立国家人民。"(《让国词》) 上杉治宪恪守封建仁政思想，在生活上垂范下属，将严格的禁欲主义作为改革的指导思想。他的改革内容如下：振兴因天明大饥馑而更加荒废的农村，保障支撑藩政经济基础的实物地租收入；废除世袭代官制，设立"乡村头取""郡奉行""乡村教导出役"等官职，由藩直接统治农村，建立农民互助组织"契约组"，使其担负缴纳年贡的连带责任；带回离村农民，禁止杀婴，给予养育费，等等。

然而1773年（安永二年），反对其改革方针的家老千坂高敦等七名重臣突然强迫上杉治宪罢免竹俣当纲等人职务，改革顿时陷入危机。好在上杉治宪与竹俣当纲等人取得联络后，迅速处分了七名老臣，度过了危机。在此事件前后，藩内也将改革中心转移到了积极鼓励殖产兴业上。如设立"树艺衙门""蚕桑局"，大力增产漆、桑、楮等树木，在农村普及养蚕业和丝绸业等。为解决藩士的贫困问题，藩还鼓励他们在家从事丝织业，该地特产"米泽织"便起源于此。此外，米泽藩还非常注重开发各类产业，种植蓼蓝，制造染料蓝草球，引进绉纱纺织新技术等等。可是，即便农民商品生产蓬勃发展，但只要藩内继续采取专卖制度，廉价收购农民产品，就必然会使城下町商人与地主进一步勾结，联手打压反抗的商品生产者和农村新兴商人。

“明君”的历史意义

除了上杉治宪的改革以外，以秋田藩主佐竹义和、会津藩主松平容颂为首的仙台藩、南部藩、津轻藩等藩也进行了改革。有的改革基本成功，暂时挽救了藩制危机。有的藩则改革失败，反而加重了危机。不过，这些改革的共同目标都是立足于落后地区这一现实，想方设法维护封建土地所有制。

除细川重贤、上杉治宪外，还有很多封建时期的“明君”故事流传了下来。“明君”是基于儒家学说的评价，赞美他们在一定程度上实行开明政治，缓解人民贫困，救民众于水火之中。他们通晓王者治理之道，致力于教化藩内属民，开发藩内领地，将治水工程和殖产兴业定为百年大计，实施远大的治国方针。的确，现在日本各地的产业设施和文化设施中，有不少是在江户时代营建，或由幕府援助营建的。但是，虽说“明君”留下的遗产惠及现代社会，但这些遗产在江户时代所具有的历史意义与今天截然不同。

二、京传和歌麿

江户小说的发展

由于幕府将宽政改革的重点放在了抑制商业资本上，因此城市文化也在这一过程中遭到重创，不得不改变发展方向。在论述这一问题之前，我们先来回顾一下，元禄时期京都、大阪的町人文化将中心转移到江户之后是如何发展的。

井原西鹤去世后，代表上方文学的是八文字屋自笑的“八文字屋本”。不过，这种书几乎是对井原西鹤作品的剽窃或改编，只有江岛其碛的“气质物”[139]略微打开了新的局面。此后，江户文学的萌芽大大动摇了上方文学的霸主地位。大阪的汉方医师近路行者将中国的怪异小说进行改编，创作《英草纸》(1749)，成为日本“读本”[140]文学的嚆矢。与之一脉相承的有大阪的上田秋成的《雨月物语》等作、江户的具有说教性的“谈义物”等。谈义物的特色是渲染社会中的不良风气，以评书的口吻阐释处世哲学。这是因为，幕府、各藩加强了儒家思想教育的力度，幕府脚下的江户受此影响尤为深刻。另外还有两点因素不能忽视，一是德川吉宗命室鸠巢写作《六谕衍义大意》[141]，并在民间大力推广。二是石田梅岩创立心学，向町人、农民浅显直白地宣扬儒家伦理，使儒家伦理被更多人所接受。*

*《浮世间亲仁气质》《世间息子气质》等作品极度夸张地描绘了人性的弱点、特殊的性癖、兴趣、嗜好等，力求表现与现实相矛盾的趣味。

谈义物后来逐渐丧失说教性，讽刺性因素加强，成为后世“滑稽本”[142]的原型。另一方面，对江户风俗、花街柳巷的描写流行开来，洒落本在这一条件下孕育而生。洒落本起源于享保年间儒生、文人笔下的青楼戏文。后来，人们将其中的权威元素极端低俗化，加入滑稽元素，逐渐倾向于对世态炎凉和时事政治的讽刺。1722 年（享保七年），幕府禁止出版好色本，但这些作品中的大多数仍然钻了法律的空子秘密出版。

明和、安永年间（1764—1778），洒落本取代谈义物，确立了其在江户青楼文学中的地位。这得益于田沼时代冈场所繁荣、十八大通挥金如土等社会背景。对“通”的描写是这些作品的主要题材。“通”，顾名思义，指精通一切人情世故，在行动上随机应变，好排场但不显山露水，幽默风趣却藏而不露。

除了洒落本外，江户文学中还有其他文学形式。如给儿童看的绘本“赤本”“黑本”发展出来的成人绘本“青本”，通常称“草双纸”或“黄表纸”。代表作有《金金先生荣华梦》等。该书作者是骏河小岛藩驻江户办事处代表、以狂歌著称的恋川春町。他与好友朋诚堂喜三二（秋田藩驻江户办事处代表）合作写作，将黄表纸打造为继洒落本之后的江户文学中心之一。黄表纸同样描写“洒落”和“通”，特点是经常使用脱离现实的梦境和奇特的拟人手法，充满了由时代错位和抬杠带来的滑稽趣味。但反过来，黄表纸的作者又与洒落本一样，都力求忠实地反映社会现实。

山东京传的活动和转向

将洒落本要素集于一身、打造出近乎完美作品的是土生土长的江户町人山东京传。他出生于一家当铺，本人也在京桥开了一间名叫京传店的百货店，是典型的中产阶级町人。他年轻时就流连于花街柳巷，两任妻子都是吉原的低级妓女。除了这一经历，他还具备江户人天生的感知能力和敏感的神经。在以北尾政演为艺名作画期间，他还磨炼出了敏锐的观察力。以上都是山东京传成功转型为洒落本作家的必要条件。山东京传的处女作是《儿子的房间》(1785)，但《通言总篱》《古契三娼》的问世使其确立了他在江户文坛中的地位。在上述作品中，他以吉原和冈场所中真实存在的妓女为对象，在洞察事实的基础上，用细腻写实的笔触生动刻画了妓女们的喜怒哀乐。作品中表达了山东京传对“笼中之鸟”——妓女境遇的同情和理解，浸透着对人性的深爱。到了宽政年间(1789—1800)，他已不再以特定的妓院、妓女为对象，而是如实刻画最下层妓女和下层嫖客的云雨之事、闺房之言。山东京传以幽默而又伤感的笔触描写陷入窘境、绝望无奈，却想积极活下去的妓女和嫖客。在这一点上，他与晚年的井原西鹤有相似之处。山东京传的视线虽然总是停留在花街柳巷，很少涉及社会其他领域，但他对人性的深入思考和论述，使其作品在这一领域达到了极致。

作为作家，山东京传的执着态度体现在其黄表纸作品对政治的讽喻上。他将批判的矛头指向腐败的田沼政治和一味实施财政紧缩的宽政改革。如他将田沼意次的失势及其儿子被杀的故事改编成戏剧《时代世话二挺鼓》（1788），创作了讽刺改革的《富士人穴见物》（1788）、《孔子缟于时蓝染》（1789）等作。这一态度不只体现山东京传一人身上。石部琴好的《黑白水镜》、朋诚堂喜三二以宽政改革奖励文武为题材的《文武二道万石通》、恋川春町的《鹦鹉返文武二道》等作品都表明了这一倾向。由于民众对幕府政治混乱不堪大为不满，因此这些作品恰好契合了民众心理，引起空前的轰动。

但是，山东京传等人的政治批判大多停留在道破社会问题、寻找政策漏洞等表层，不冷不热，模棱两可。但尽管如此，这也足以刺激幕府过度敏感的神经。石部琴好被逐出江户、恋川春町郁郁而终、朋诚堂喜三二被勒令停止创作。以此为契机，松平定信颁布严令，不准御家人、藩士进行戏曲剧本的创作。这之后，只有町人作家山东京传这一中流砥柱还在支撑着江户文学。然而，幕府弹压的黑手正在悄悄向他逼近。

1790 年（宽政二年），幕府加强对社会风俗的管控，禁止洒落本等好色本出版。山东京传表面上倡导劝善惩恶等说教性质的价值观，但他依然出版了《锦之里》等三部洒落本。翌年，他被判处戴手铐五十天的刑罚。受罚后，山东京传意气尽失，埋头于失去写实色彩的传奇式读本创作和古事的考证上。晚年他曾感慨道："提防着不落进这蜘蛛网中，遂隐于破屏风之旧居，藏于古屋之洞穴，不见世事五十年，若过十余载，吾亦满口仁义道德之老叟，悲哉。"(《矾驯松金丝腰蓑》) 此句率真地抒发了一个屈于权力的剧作家的悲哀与内疚之情。洒落本这一文学领域因痛失山东京传这样一位大家而走向衰落。之后，人情本[143]、滑稽本、合卷、读本等文学形式取而代之，支配文坛。

宽政改革对文化领域的打压给文学作品的主人公以及这些人物的原型、现实生活中的町人的性质带来重大影响。比如，田沼时代藏前的高利贷商对寻花问柳十分在行，人们争相向他们请教。他们常常以"通"的典型形象出现在洒落本和黄表纸中。但是到了宽政改革时期，这些"大通"失去神通，销声匿迹，吉原勾栏也因此衰落，低级妓女取代高级妓女"太夫"，嫖客也由武士和大町人变为小町人和手工业者。中下层市民追求廉价的性享乐，因此更适合他们的冈场所生意兴隆，渐渐把吉原勾栏比了下去。尤其是人情本故事的重要舞台——冈场所深川以吉原勾栏消失殆尽的"意地"和"劲头"为卖点，不断发展壮大。

至此，江户文化的主导权已从武士、大町人转移到了中层及以下町人手中。文学作品的作者也完成了同样的更迭。

俳谐、狂歌、川柳的动向

除小说以外，俳谐、狂歌、川柳等领域也受到了时势的影响。松尾芭蕉去世后，俳谐领域失去支柱，派别林立，混乱不堪。另一方面，以榎本其角、服部岚雪等“蕉门十哲”为首的地方俳谐兴起，创作俳谐的兴趣爱好在町人、地主间普及开来。松尾芭蕉一生追求严谨的俳风，此时的俳风难免单调乏味，平淡无奇。为此，有识之士高呼回归芭蕉俳风，并在天明年间成功实现了俳谐的复兴。炭太祇、与谢芜村等人是俳谐复兴的核心人物。值得一提的是，与谢芜村同时又是文人画巨匠，他创作的俳谐和长曲充满了绘画领域的抒情方式，词句新颖又不乏古典之美。与谢芜村的作品追求超脱世俗，与深藏抵抗精神的芭蕉作品完全不同。

“接前句”是杂体俳谐“杂俳”的一种，即在他人出的前句上接出后句。而后句独立出来、自成一体，就有了川柳这种文学形式。川柳讽刺世态炎凉、人情世故的黑暗，虽体裁短小，仅十七字，却具有警示作用，符合城市居民的趣味，广为流行。柄井川柳是江户评审“接前句”的专家，川柳遂因此人等名。1765 年（明和二年），柄井川柳编纂句集《俳风柳多留》初篇，奠定了川柳这一文学形式独立和发展的重要基础。《俳风柳多留》虽以隐晦、若隐若现的方法讽刺政治，但还是被幕府盯上，于宽政改革中被迫改版。与川柳不同，狂歌为武士和上层町人所追捧，其内容崇尚滑稽和讽刺，偶尔也对时势进行温和的挖苦。狂歌的流行始于安永、天明年间（1772—1788），代表作家有号为“四方赤良”的太田蜀山人等。四方赤良是幕府的御家人，不仅擅长狂歌，还创作滑稽本、随笔等文学作品，多才多艺。然而在宽政改革期间，幕府当局命令他停止文学创作。之后，四方赤良折笔从政，成为一名老实的官员。

铃木春信和喜多川歌麿

在美术领域，御用画派狩野派、土佐派在创作上遭遇瓶颈，而大众艺术浮世绘则在形式和内容上得到了完善，文人画和写生画的创作也达到了顶峰。元禄时期，菱川师宣为浮世绘奠定了基础。之后，鸟居清信采用“一枚刷”——以一张纸、而非成册的方式，专画歌舞伎演员的画像，开辟了浮世绘的新局面。到了享保末年，又出现了奥村政信、西川祐信、宫川长春三位专绘美人画的浮世绘画家。经过漫长的准备阶段，到了田沼时代，浮世绘的创作终于迎来了黄金期。

铃木春信是代表这一时期的艺术巨匠。他的画境受鸟居清信流派的影响，笔下的江户美人颇有一番独特的美感。他所创作的笠森阿仙等美人清秀端庄，婀娜纤弱，与浅草奥山创作的牙签店阿藤并称“明和双美”。在这些人物纯洁之美的感染下，在封建统治下不得喘息的民众心中再次燃起了一团火焰。铃木春信还与雕刻家、彩绘师合作，发明了多彩着色方法，打破了单色背景的乏味，使浮世绘呈现出无与伦比的色彩之美。

由铃木春信开创的真正意义上的“锦绘”时代，经由胜川春章、鸟居清长等名手，在宽政时期迎来鼎盛。喜多川歌麿是这一时期最有实力的艺术家，但其经历尚有不明之处。他师从狩野派，24 岁时为小说画插图，自成一派。天明年间仍是胜川春章、鸟居清长的全盛期，特别是鸟居清长的影响力无人能敌。因此，如何创造出自己的特色，一直是令喜多川歌麿烦恼的问题。到了宽政年间，他终于在艺术创作上打开了局面。喜多川歌麿首先专注于寻求大自然的真实美，不久他又发现了人的本质之美，将自己的创作方向定位在人体画上。与山东京传相同，喜多川歌麿将妓女、茶屋女作为创作题材，不仅画出了她们的肉体之美，还将她们在不幸遭遇中流露出的内在美表现得淋漓尽致。仔细观察他的晚年作品，可以发现他所画的女性身体虽散发着性韵味，但毫不煽情，反而温柔典雅。在创作技法上，喜多川歌麿采用了独特的“大首绘”画法，专注描绘胸部以上的部分。他还运用“云母刷”的方法，将白云母粉撒在背景上，以此追求理想中的美感。

然而到了晚年，喜多川歌麿的画风出现颓废倾向，笔力渐衰。1804 年（文化元年），他所创作的《太阁洛东五妻游观》被认为是讽刺当时的将军德川家齐后宫糜烂，因此被处以戴手铐五十天的刑罚。经过精神和肉体上的折磨，喜多川歌麿气虚力竭，在两年后离世。他的去世也象征着浮世绘艺术的没落。与喜多川歌麿同样活跃在宽政年间的，还有东洲斋写乐。他曾在很短的一段时间内，以极为大胆和个性化的构图、线条、着色，创作了独特的歌舞伎演员画和相扑力士画。

文人画和写生画

江户中期，中国画家伊孚九来到日本，将南画的技法和构思传到日本。受此影响，日本南画（又称“文人画”）快速发展，甚至领先浮世绘一步，在田沼时期达到大成。日本南画的主角是池大雅和与谢芜村。池大雅出身农民，定居京都，一边在扇面上作画卖钱，一边修炼画艺。他经常在国内旅行，对大自然有深刻的认识。而且，他还融入了日本民族特有的感性来刻画自然之美。1771 年（明和八年），和与谢芜村共同创作的《十便十宜图》是池大雅的代表作。值得一提的是，行为奇特、飘逸洒脱的池大雅还与同样擅长作画的妻子玉澜关系和睦，琴瑟和鸣。

与谢芜村作画的名声虽不比他的俳谐，但他将从俳谐中获得的主题和构思原封不动地运用到南画上，创作出了新颖独特的作品。日本南画由池大雅、与谢芜村集大成，但之后开始走下坡路。到了 19 世纪初，田能村竹田成了南画的最后一人。

与南画相同，江户中期，沈南苹（沈铨）将中国的写生画传到日本，对日本的写生画产生重大影响。圆山派创始人圆山应举批判性地吸收了中国写生画的长处，同时他又学习了西洋画的透视法和阴影法。他认为作画的真髓在于对原物的忠实写生，并身体力行贯彻这一理念。圆山应举的画册流传至今，里面收录了详细描画人体解剖和动植物的作品，成为日本绘画的新路标。

第九章　天保改革及其前后

歌舞伎狂言《曾我狂言》第三篇《七种矬曾我》演出时的剧场内部情况，奥村政信

一、大御所时代

文化、文政时期的农村

宽政改革前前后后共持续七年时间。松平定信辞官后，年仅 21 岁的将军德川家齐开始亲政。1836 年（天保七年），德川家齐虽将将军一职让与德川家庆，但仍作为大御所掌握实权。因此直至德川家齐去世的 1841 年（天保十二年），其间的四十八年被称为“大御所时代”。随着宽政改革时期紧绷的神经松弛下来，老中水野忠成主持下的幕政也愈发疲软，贿赂、贪污大行其道，世人抨击“有水还是田沼”[144]。

德川家齐有侧室四十人，生有五十五个孩子，“精力”十分旺盛。他生活奢靡，幕府开支因此再次提升，每年都会有五十余万两的财政赤字。幕府不断铸造名为“传家宝刀”的恶币，1818 年（文政元年）至 1837 年（天保八年）期间，幕府竟发行九种金币、五种银币，从中获利九百万两。在铜币方面，幕府发行面值为一百文的天保通宝。此后，该铜币不断贬值，明治维新后仅值八厘。正因如此，智力不全的人被戏称为“天保钱”。

就货币流通量而言，此时金币和银币的流通量分别暴涨至元禄初年的 3.7 倍和 24 倍。再加上各藩发行的藩币，日本全国货币流通量已成天文数字。各类商品物价，特别是中央市场米价因此大幅上涨,季节波动剧烈。这种现象主要是商品产生发展、流通过程出现波动所导致的。

此前，农民主要从事原料和半成品的生产，加工、将半成品加工成成品的工序由城市工业负责。而今，农村新型加工业兴起，从加工到深加工全部在农村完成已成大趋势。与此同时，与农村工业紧密联结的新型商人开始涉足此前由大城市特权商人垄断的商品流通通路，大城市特权商人无法再像以前那样随意囤积货物。而且，藩国加强专卖制也加速了这一趋势的发展。

这样一来，在农村工业发达地区，生产者、新兴商人与大城市特权商人间自然会形成规模巨大、冲突剧烈的对立局面。1823 年（文政六年），摄津、河内两地 1 007 个村子因反对大阪三所棉花批发商垄断籽棉、皮棉而发起“国诉”（规模扩大到郡、国的农民斗争）。

棉花种植减少、菜籽销路不畅，再加上连年歉收，近畿地区的农村在宽政末年至文化初年饱受穷乏之苦。进入文政年间，该困境非但没有好转，反而不断加剧。在这一背景下，谋求商品销路自由化和扩大化的斗争愈演愈烈，农民阶层进一步分化。文化末年，这种情况已到了“当世如此贫富不均、优劣明显，一个富人周围必然有二十乃至三十个穷困农民”（《世事见闻录》）的地步。

这种现象表明，以米价为代表的各类商品价格的高涨使得土地集中到商人手中，批发制度和寄生地主由此得到发展，贫农沦为佃农或为地主工业生产服务的日工。

享保年间，毗邻江户的南关东旱作地带建起武藏野新田八十二村。至此，武藏野地区已被开垦殆尽，在乡町中兼营谷物店和糠店的商人由此增多。这些商人以江户米谷批发行会中间人的身份深入各村庄，将重要肥料——糠和现金预支给农民，让农民直接用杂粮支付货款，以此来垄断这些村庄的农产品。不久，农村也出现了谷物店，他们与在乡町商人一起抬高糠价，招致农民反感。农民屡屡向幕府递交请愿书，要求下调肥料价格，或直接发起针对富农的捣毁暴动。町和农村靠水车动力进行生产的谷物店、酿酒厂、榨油厂等同行业者也成立行会，要求江户的批发商行会稳定价格，将行会以外的竞争者挤出市场。*

*因“尊德仕法”而闻名的二宫尊德（又名“二宫金次郎”）同样以文化、文政时期荒废的农村为商业活动区域。二宫尊德是相模国一家贫农家庭的长子。父母双亡后，二宫尊德勤俭力行，重建破败的二宫家族。

不但如此，二宫尊德还基于这些经验，帮助小田原藩主一族及其他藩士重建财政。二宫尊德也因此名声大噪。正如他常挂在嘴边的“分度”（分寸、限度之意）一词所揭示的，尊德仕法是指在领主征收的年贡上设置一定限度，同时要求农民节约消费、加强劳动。这一措施虽在某种程度上体现了二宫尊德的农民立场，但归根结底，该措施与领主重建农民小规模经营的政策是相一致的。

文政改革

由于在关东地区，幕府领地与旗本领地、中小大名领地、神社和寺庙领地犬牙交错，边界问题复杂，因此随着领主权力的衰落，治安也呈现混乱局面，街上满是无宿之人和赌徒。正因如此，关东地区，特别是上州等地被戏称为“长腰刀”[145]的产地。

最著名的国定忠次[146]自不消说，此时，既是地主破落户，同时又是高级驿站中妓院经营人的头目盘踞各地，互相对立。对此，领主采取以毒攻毒的方式，怀柔各方势力，使其为己所用，弥补警力。这些人中有不少人黑白通吃，既是贼寇，又是手持十手（一种武器）和捕绳的捕快。赌徒们会在热闹的地方，特别是在神社、寺庙举行祭祀或庙会时开设赌场，以提供场地的名义从其他赌徒或想大赚一笔的地主、商人手中抽红（称“寺钱”）。赌徒会用其中一部分钱打点官府的眼线或孝敬捕快。他们经常因为争夺地盘闹出人命,如果当权者疏远他们,他们就会与当权者敌对。在讲谈、戏剧中，国定忠次为了在天保大饥馑中痛苦不堪的农民而与官吏斗争，据守赤城山。但笔者认为，真实的国定忠次并非如此。

将军脚下的关东陷入混乱，这事关将军作为日本全国统治者的权威。因此 1805 年（文化二年），幕府对关东地区的农民统治机构进行了大刀阔斧的改革，任命“关东取缔出役”（俗称“八州巡察”），又在 1827 年（文政十年）强行设置“寄场组合村”。

这些措施是以关东圈为对象的文政改革的一环。不论幕府领地还是私有领地,以三个甚至五六个村为一组组成“组合村”，设立寄场[147]总代，直属于关东取缔出役。如果有村子违反组合村的决议，寄场总代会偷偷向关东取缔出役报告。关东取缔出役由关东幕府代官下属的“手附”和“手代”担任，此前由村子承担的逮捕无宿之人的费用由组合村承担。

上述新的组织机构可以逮捕无宿之人，驱逐其他领地的赌徒出境。除此以外，该组织还是通过告密来防止农民反抗的警察组织。因此，黑白通吃的赌徒就成了警察组织的爪牙，持续监视着农民的活动。1836 年（天保七年），当西武藏各村流传告示、传单，呼吁农民针对买空、囤积粮食和米糠的商人发起捣毁暴动时，得到消息的八州巡察迅速出动了警力。而迫使农村运动领导人大原幽学自杀的，也是这些八州巡察的爪牙。*

* 大原幽学本是尾张藩士的养子，断绝养父子关系后，他游历各地，于 1835 年（天保六年）被招致名主远藤氏门下，寄身于一半村民是破产

农民的下总香取郡长部村。大原幽学引进上方地区先进的农业技术，教村民如何合理、有计划地进行农业生产。他还组建了“先祖株组合”，统一管理村民的部分土地，积攒收益，救济破产农民。然而，赌徒害怕农民若不再赌博玩乐，一心扑在劳作上，自己将再也捞不到油水，因而向八州巡察的爪牙密告大原幽学。受到审讯的大原幽学被判幽禁，于1858年（安政五年）自杀身亡。

一般认为，至文化、文政年间，农村经济繁荣，城市文化已发展至顶峰。然而，这一阶段虽然太平无事，但实际上不过是暴风雨来临前的短暂平静而已。在外交上，锁国体制带来的危机不断升级，俄国势力由堪察加半岛南下，于文化初年在库页岛、千岛群岛与日本发生冲突。1807 年（文化四年），幕府将原属于松前藩管辖的虾夷全境收归幕府直辖。两年后，受幕府之命勘察北库页岛的密探间宫林藏发现鞑靼海峡（日称“间宫海峡”），并以此确认了北库页岛是岛屿。1808 年，费顿号事件 * 爆发。文政年间，英国人登陆萨摩藩宝岛，引发抢牛事件[148]。

* 当时荷兰本土被拿破仑统治下的法国吞并，而英国正在与法国交战，因此英国攻击荷兰的东方殖民地，追捕荷兰船只。英国军舰费顿号闯入长崎、抓捕荷兰商馆人员、致使长崎奉行引咎自杀即是其中的一个事件。

1806 年（文化三年）外国船只抛锚时，幕府提供薪炭、淡水使其无事离去。但是到了 1825 年（文政八年），幕府下发驱逐外国船只命令，转而采取强硬的立场。但即便如此，这些措施也只能应付一时。

天保大饥馑与农民起义、捣毁暴动

以天保大饥馑为节点，封建制度危机迎来新的高潮。在此之前的1830年（天保元年）至翌年，大阪周边发生“御荫参拜骚乱”。御荫参拜历经宝永、明和、文政年间，是农民以参拜伊势神宫为目的的集体离村行为。这种参拜行为具有起义、暴动的性质，例如农民会借此机会强行要求延期偿还欠款、拒绝稼穑、向上层农民讨要酒食等。

始于1833年（天保四年）的天保大饥馑在惨烈程度上不亚于天明大饥馑，幕府、各藩即便启动了天明大饥馑后完善的所有谷物储藏设施也无济于事。但民众不会坐以待毙。以大阪为首，飞驒高山、周防的山口和三田尻、安艺广岛、越前胜山、若狭小滨、骏河骏府等地的农民起义、捣毁暴动愈演愈烈，囤积居奇的米店、棉花商等特权商人频遭袭击，其程度堪比天明大饥馑。

村方骚乱的程度不亚于捣毁暴动。1836年（天保七年），幕府领地甲斐发生“郡内骚动”。作为农民的副业，郡内地区的郡内织闻名已久。但同时，该地区也是大米产量匮乏的地区。在天保大饥馑中，此地不但颗粒无收、没有外地支援，而且商人趁机疯狂囤积稻米。贫民忍无可忍，终于揭竿而起。据说无宿之人、日工等人也参与了此次起义，波及范围八九里地。其中一支起义队伍在捣毁商店的同时，还袭击了甲府，甚至一路抵至信州边界。另一支起义队伍则朝甲斐南部地区行进。惊慌失措的甲府代官急忙向近藩借兵，才勉强镇压了这次农民骚乱。听闻此讯的德川齐昭甚至用“愚民可畏”四个字来警示幕府，可见这次骚乱给幕府带来的巨大冲击。

大盐平八郎之乱

不过，最让幕府有危机感的是1837年（天保八年）爆发的大盐平八郎之乱。大盐平八郎原是大阪奉行所的捕吏，同时又以阳明学者闻名。他既不是农民也不是町人，而是名副其实的统治阶级。促使大盐平八郎起事的，是以“知行合一”为生命、重视主观“契机”的阳明学精神。同时，大盐平八郎起义也是受其挚友、倡导民富必要性的农学家大藏永常的影响。*

* 大藏永常是当时日本具有代表性的农学家。他游历各地，考察农业，将积累的知识写进著作。他在经济作物的栽培技术以及加工、销售的过程，甚至是肥料、农具，如何使用鲸油应对病虫害等方面都有所涉猎。可以说，大藏永常代表了江户时代的最高知识水平。其主要著作有《广益国产考》《农具便利论》等，其中可见洋学对大藏永常的影响。

不过，让大盐平八郎最终下定决心的，是在大饥馑中痛苦不堪的大阪及近郊贫民。城中饿殍满地，跳入大阪护城河的人不计其数，以至于需要有专人把守和阻拦。然而，大阪奉行迹部良弼为了增加运往江户的回米，将运往京都的大米减少至原来的四分之一。商人也“不出所料”地买空大米，卖到饥荒最严重的地方，以此大发横财。

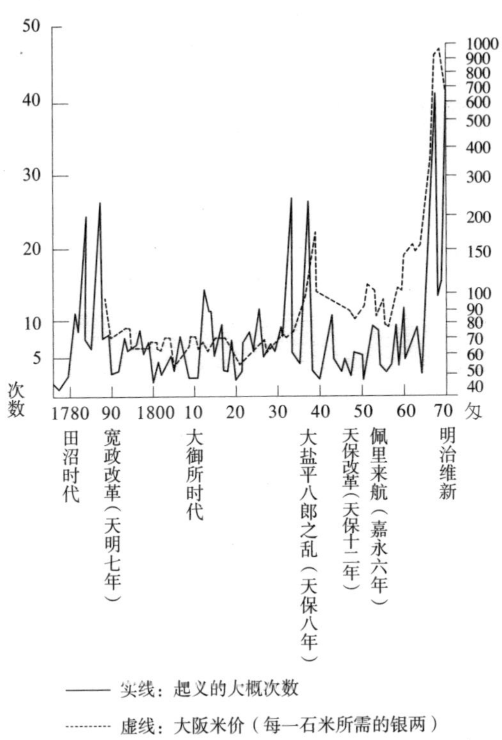

—— 实线：起义的大概次数

-------- 虚线：大阪米价（每一石米所需的银两）

大盐平八郎一开始卖掉自己的藏书救济饥民，但遭到了迹部良弼的阻拦。一气之下，大盐平八郎决意叛乱，秘密制造大

炮、火药、弹丸，召集以门人、近村村吏、富农、豪商为中心的有识之士签署起誓书，下发题为《致天赐各村小前书》（“小前”指细民、贫民）的檄文。然而，起义前夕有门人向幕府通风报信，大盐平八郎被迫在准备不足的情况下仓促起事。经过激烈

大盐平八郎之乱

竖起“救民”大旗，向敌方开炮。

的战斗，大盐平八郎很快溃败下来。不过，在骚乱中被烧毁房屋的细民非但不怨恨大盐平八郎，反而尊称他为“大盐大人”。据说附近农民此后还偷偷传抄檄文，将檄文做成练字的字帖。

大盐平八郎之乱的影响是极其巨大的。之后不久，越后柏崎爆发国学家生田万之乱。以此次骚乱为头阵，自称“大盐门

徒”“大盐支持者”的起义和捣毁暴动接连不断。

此次骚乱的恐怖程度甚于郡内骚动，若不早日改革幕政，天下形势必将大变，忧虑万分的德川齐昭如是说道。

二、天保改革

水野忠邦的藩政改革

到了19世纪三四十年代的天保年间，日益严峻的危机让敏锐的封建统治者越发感到改革的紧迫性。因此，幕府、各藩在这一时期将名为“天保改革”的一系列改革措施提上了日程。

1841年（天保十二年），水野忠邦担任首席老中，成为改革的直接负责人。水野忠邦就任老中时虽然已是1834年（天保五年），但他曾在1825年（文政八年）担任大阪城代，后转任京都所司代，耳闻目睹摄津、河内两藩1 007个村子的国诉，对近畿地区复杂的农村形势颇为熟稔。为了当上老中，水野忠邦频繁参与改封运动，不顾家臣反对，从实际收获量二十万石的肥前唐津改封至五万石的滨松也毫无怨言。这一事件充分显示了水野忠邦改革幕政的远大抱负。而且，水野忠邦还曾在1812

年（文化九年）改革藩政，这也是他改革信心的来源所在。* 他在藩政改革中一贯坚持的压制商业资本、回归自然经济的理念，同时也是幕府继承宽政改革本质、再次改革的重要一面。

* 前文讲到，冈崎藩第五代藩主水野忠辰的改革以失败告终。在被改封到唐津之后，藩政依然由老臣阶层把持，一潭死水，没有任何起色。藩国还向大阪町人举债，天明初年的债务额高达六万两，下级藩士不断逃亡。水野忠邦成为藩主后，采取了严格的财政紧缩政策，不再向京都、大阪商人还款，从农村筹措的资金也只偿还利息。由于天保大饥馑使得藩内领地收获量减半，农民阶层分化、离村现象严重，因此水野忠邦不再将被判驱逐或逃亡的人从户籍簿上删除，甚至暂停追捕罪犯，以此保障劳动人口。另外，禁止其他藩商人到滨松城下或领地内经商，停止发行银钱等措施，也是为了让农民回归到自给自足的小农经济中。经过上述改革措施，天保初年冈崎藩财政至少在账面上已经有所好转。

幕府的天保改革

从上文来看，不难理解幕府为何将幕政改革的首要目标放在保障天保大饥馑中锐减的农村人口上。1843 年（天保十四年），幕府以关东、日本东北地区为对象颁布《返乡令》，规劝江户的外地人回乡，严格限制江户的人口流入。根据这一年的调查显示，江户人口算上武士阶层已突破一百万。不过，拥有房产的“家持”

以及为其充当代理人的“家守”等上层市民只占约一成，绝大多数是在深街陋巷中租地、租房的细民阶层。正如荻生徂徕在《政谈》中所言，“江户是各藩的垃圾堆”，细民阶层中的大多数人是在农村难以糊口的移居者。

细民阶层中的男子做仆人、日工，或者挑着蔬菜和鱼在街上叫卖、抬轿、贩卖牲口、在晚上做点小生意、收购纸屑、打各种零工为生，这类人统称为“棒天振”。女子多当奶娘、厨娘，其中也有不少沦为公娼或私娼。虽然在乡町、农村中的日工也在增加，但江户的日工已经激增到了幕府责令其成立日工协会、课以税收的程度。

这些“町方小前”（贫民商人）收入微薄，生活不稳定，物价稍稍上涨都会触动他们敏感的神经。同时，他们又是捣毁暴动的主力军。另一方面，文化年间（1804—1817）江户商店中的男佣人工资可达到每年三两左右，这是关东、日本东北地区的佃农很难想象的。因此幕府再怎么强制人们返乡，也无法阻止农村人口流向江户的趋势。

此外，幕府还在市民消费方面进行管控，其严苛程度甚至超越了宽政改革时期。除禁止买卖价格昂贵的点心、饭菜、衣服、器物外，幕府还禁止食用时令食物。这一禁令无疑伤害了江户儿的自尊，因为此前他们即便把老婆押在店里，也要吃上夏季第一批鲣鱼，而且常常以此为傲。据说，就连将军德川家庆都暗自奇怪：“近来饭菜里怎么没有嫩姜了？”一问侧近才知道，原来当下禁止食用时令蔬菜，德川家庆不禁惊愕改革已到了如此地步。

除此之外，私娼、游艺人（从事谣曲、舞蹈等游戏娱乐相关的人）、女梳头匠、出版物自不用说，就连此前神社、寺庙一直合法举办的富签[149]活动也被禁止。第七代市川团十郎被冠以生活奢靡之名逐出江户，为永春水、柳亭种彦等小说家也在这一阶段接连受到处罚。江户町奉行、甲斐守鸟居忠耀是个有名的酷吏，他甚至动用捕快、密探以外的人来整顿市政，“士农工商无不惧其淫威，战栗不已”（《不眠夜的消遣》），市中如灯熄火灭般死气沉沉。市民因此称其为“妖怪”（日语中“妖怪”与“耀甲斐”同音）。

解散株仲间

以上政策表明了水野忠邦回归享保、宽政改革的复古意图。但是，仅仅依靠强化封建土地所有制，打压商业资本已经无法扭转局势。如何把握日益发展的农村商品经济，稳固幕府日益松动的全国统治基础，这才是幕府需要解决的新政治课题。

1841 年（天保十二年），幕府逐步解散株仲间。此前，十组问屋垄断江户、大阪间的商品流通通路，恶意抬高物价，而解散株仲间的直接目的就是为了扼制这种行为。当时，鸟居忠耀的前任、江户町奉行矢部定谦反对解散株仲间。他指出，江户物资减少不是十组问屋造成的，而是文化年间幕府采纳江户“飞脚问屋”（邮递、货运业务商）大阪商店茂兵卫（本名“杉本茂十郎”）的“奸计”，废除樽回船，只使用菱垣回船的政策失当导致的。矢部定谦也因为这番言论被水野忠邦撤了职。同时，大阪町奉行阿部正藏也反对解散株仲间。他认为，流入大阪的商品货物减少是因为各藩实行专卖制，因此被禁止的应该是专卖制，解散株仲间反而会阻碍商品流通。

翌年，除十组问屋外，凡是以“问屋”命名的商铺、行会全部被解散。冥加金自不必说，连交易时由冥加金的名称发展而来的价签也被禁止使用。这样一来，商品直接生产者与普通商人间的通路虽然被打开，但大阪周边棉花产地的农村商人与其他藩国的自由贸易也受到波及，生产者受到巨大打击。

这说明，解散株仲间后，幕府又进一步加强了对在乡商人的管控。这是因为，要想下调江户物价，必须增加大阪市场的商品流入量。幕府采纳阿部正藏的意见，禁止各藩的专卖制也是出于这个原因。

工场手工业萌芽

幕府在施行调查销售价格、公示物价、官方定价等一系列降低物价措施的同时，还进一步调查农民除农业外的副业情况，

禁止农民从事副业。该法令记述："近年奉公人数减少，薪金自然升高，特别是纺织女工薪金高得离谱。人人竞相搞副业，本

工场手工业，《尾张名所图会》

尾张西部地区的结城条纹纺织品工场正在使用高效率的手织木机"高机"。

末倒置。"（《御书付留》）与农业奉公人锐减、薪金飞涨同样值得关注的，是被上州桐生新町等农村工业城市的工场手工业＊吸收的农村妇女劳动力。直到此时，幕府才真正意识到可以从根本上颠覆领主土地所有制的危机。

＊江户初期的主导工业形态是农民家庭手工业和城市工匠行会组织的手工业。随着农民商品生产的发展，批发商将原料和资金预支给生产者，以此来垄断产品的批发制家庭手工业遍及众多产业。当这种手工业

制度发展到顶峰时，部分商人、地主开始建立手工业工场，召集贫农，实行雇佣制分工生产方式。这种工场手工业是资本主义生产方式的萌芽。以纺织业为首，工场手工业出现在酿酒、制蜡、制陶等各个领域。制丝业和丝织品产业方面，北关东的桐生及足利地区、南信州的诹访及冈谷地区率先出现工场手工业生产方式。棉纺织业方面则是尾张西部等地率先出现工场手工业生产方式。安政年间日本对外开放港口后，工场手工业更是得到了迅猛的发展。这一生产方式还逐渐解放了囿于土地的农民，使其成为封建制度的掘墓人。

株仲间解散后，流入江户的商品数量丝毫没有增加，物价也居高不下。究其原因，商品依旧集中在赤间关（今下关）和濑户内海的各个港口，并冒充各藩特产直接销往江户及其他各地。

《上知令》

最后，幕府颁布《上知令》，于1843年（天保十四年）将江户方圆十里、大阪方圆五里的私有领地划归幕府直辖，并替换其他贫瘠的土地作为补偿。水野忠邦想通过这一措施充实幕府财政，像江户初期那样拥有可以随意摆布大名的独裁权力。

水野忠邦想以此在关东地区一举实现文政改革的目标。然而，大名和旗本都认为，若在财政困难之际收回肥沃的领地，自己将无法渡过难关，因此均表达了强烈的反对。农民也从自身利益出发，认为如果更换领主，此前通过斗争获得的权利将化为乌有，自身负担也会加重。因此，不安的农民甚至以国诉之势，掀起声势浩大的反对运动。水野忠邦的同僚土井利位原本赞成《上知令》，后来转而反对，并说服利益相关的御三家纪州藩主，以将军之命撤回《上知令》。随后的闰九月，水野忠邦退出幕阁。江户幕府草创时期，即便对大名也能轻易改封，可到了天保时期，就连对谱代大名都很难改封了。这是一个十分重大的转变。

以上表明，幕府作为全国统治者的实力正在衰退，幕藩体制的骨骼——幕府与大名的上下级关系正在瓦解。此外，日本西南部还出现了实力雄厚的藩国，这也加速了江户幕府的衰亡。

长州藩的天保改革

长州藩领有长门、周防两国，至江户中期已历经数次检地。到了天保年间，长州藩实际收获量达 89.5 万余石，是关原之战时的三倍。但即便如此，长州藩依然无法承担逐年递增的财政支出，不断通过压缩支出、征借家臣俸禄、向领内豪商借债等方式摆脱危机。1840 年（天保十一年），长州藩债务高达 8.5 万余贯，财政危机已触及顶点。另一方面，长州藩领地内的商品生产不断发展，濑户内海沿岸地区的农民阶层持续分化，农民对长州藩垄断米、纸、蜡、蓼蓝、盐等稀缺产品的专卖制极为不满。1830 年（天保元年）至 1837 年，农民高呼废除国产交易所的口号连年发动起义。特别是 1831 年的大规模起义使长州藩陷入前所未有的混乱。

面对藩国体制危机，藩主毛利敬亲于 1840 年（天保十一年）从中士阶层起用村田清风，命其改革藩政。村田清风应农民要求，废除蓼蓝、野漆树的专卖制，变为征收运上银和附加税，同时又在其他物产上增收运上银。

藩还向贫困的藩士、农民、町人发放贷款，作为利息收取金钱和大米，并以这些金钱和大米为资本，通过“越荷方”这一机构，与自北越出发经下关至大阪的商船进行贸易，获取利润。藩还接手了藩士的债务，本金分三十七年偿还。这一措施遭到债权人町人的强烈反对，村田清风也因该政策于 1843 年（天保十四年）下台。

不过，接替村田清风掌握藩政实权的保守派坪井九右卫门继承了村田清风改革的基本方向。以中士阶层为中心的改革派也在这一期间成长起来。1858 年至 1859 年（安政五至六年），周布政之助主持下的改革明确提出了专制主义方向。* 此后的长州藩通过藩营工场手工业强化了近代化的军备建设，很快先于其他藩形成讨幕派。村田清风的改革并未给予商品生产者完全的自由。安政改革虽然削弱了特权商人组织株仲间的垄断，大幅扩大了藩内交易量，但在藩与藩的交易上仍然实行严格的管控。

* 封建社会向近代市民社会的过渡阶段，每个国家都会出现专制主义（绝对王权）这一过渡政治形态。从本质上看，它是封建国家的最后阶段，又是封建势力衰退、由工场手工业支撑的近代市民势力成长，但后者又不足以压倒前者的一种状态。当两股势力势均力敌时，统一封建各势力的最高主权者——国王的权力便会趁机暂时地集中和强化起来。

周布政之助的改革提供了这样一种方向，即让领内豪农、新兴商人参与改革，强化专卖制，使藩国权力向专制主义倾斜，以此建立富国强兵的体制。长州藩通过这一系列措施实现了对领内市场的垄断，这也为安政年间（1854—1859）长州藩与萨摩藩的贸易提供了可能。

同时，以上措施还冲击了幕府赖以生存的全国商品流通机制。雄藩通过相互之间的新型商品流通机制强化了自己的政治话语权。这一时期的萨摩藩、土佐藩、佐贺藩等雄藩的改革也都呈现出了基本相同的趋势。

在日本历史上的幕末时期，全国统治者江户幕府以天保改革为出发点，通过 1851 年（嘉永四年）的株仲间复兴措施，以及安政年间以后不断付诸实践的“国产统制计划”*，意图上升为绝对君主。但该设想最终以失败告终。究其原因，幕府到最后都没能克服通过直辖地三都（江户、京都、大阪）的株仲间，来间接统治全国商品流通通路的传统模式。与之相对，萨摩藩、长州藩、土佐藩、肥前藩等雄藩在幕末改革中获得一定成功，并在欧美资本主义的压力下强化军事实力，在通往专制主义的道路上稳步前进，最终成为明治维新的胜利者。这两条路线的最终目标都是专制主义，然而两条路线的相互斗争，正印证了集中表现为“尊王攘夷”[150]和“公武合体”[151]的幕末政治斗争的本质。在这种情况下，没有政治、经济权力的天皇凭借其传统权威被众人抬上台面，成为以雄藩为核心的专制主义统一政权的最高领导人。

* 在幕府的“国产统制计划”中，农政学家佐藤信渊的学说影响尤为深远。佐藤信渊通过《复古法概言》《垂统秘录》等著作描绘了一个理想的社会，即否定封建社会，将全日本统一于君主一人手中，所有土地、实业、财产均划为国有。客观来看，佐藤信渊描绘了一个专制主义官僚国家的理想形态，空想主义色彩浓厚。

三、江户文化的鼎盛时期

江户小说的确立

宽政改革被讽刺为“挠脚心”，而大御所时代的大城市生活正是对宽政改革的反叛。这一时代弥漫着一种近乎无条件肯定现实的氛围。过去的民众以“通”为理想，如今“粹”（潇洒风流）的审美意识取而代之，成为贯穿人情本、滑稽本的重要旨趣。“大

寺子屋，《一扫百苔》，渡边华山

通”的风俗是指打扮艳丽，尽可能地引人关注。与此相对，外面穿着质朴的棉衣，里面穿着奢华的丝绸，这是“粹”，是町人在改革的打压下产生的畸形审美。

另一方面，寺子屋等民众教育机构的增加使教育普及至下层町人，更广泛的阶层能够享受到町人文化，这也是这一时期的新现象。特别是从宽政改革时期起，寺子屋的数量急剧增加，据说 1722 年（享保七年）江户的寺子屋已达 800 所，宝历年间大阪的寺子屋有 2 500 所，学童达 75 000 人左右。

人情本、滑稽本在全国范围内拥有广泛的读者群体。将人情本、滑稽本装订成册，配以浓艳的插画，便有了与锦绘、细见记[152]齐名的江户风物——合卷。随着文学读者层的扩大，作者也明显从旗本、藩士或上层市民转移至中下阶层市民。虽然山东京传之后再次出现了职业作家，但当时的职业作家仅凭稿酬仍然无法生活。可以说，作家的地位还远远没有确立。

山东京传退去后，洒落本不免势衰，再加上官方屡屡禁书，洒落本更加难以振兴。1799 年（宽政十一年），洒落本作家式亭三马被处戴手铐五十天的刑罚。但这反而让式亭三马名声大振，与十返舍一九一同成为滑稽本的双璧。1802 年，十返舍一九的《东海道中膝栗毛》面世，开启了滑稽本流行之先河。此后，式亭三马的《浮世澡堂》《浮世理发馆》也相继问世，确立了滑稽本的地位。

十返舍一九的《东海道中膝栗毛》主要讲述了地位卑微的主人公弥次郎兵卫与北八在旅途中的各种奇遇和失败的经历。书中由地方风俗习惯和语言引发的笑料大大满足了江户儿鄙视乡下人的优越感。

理发馆，《浮世理发馆》，式亭三马

客人等待理发的同时畅谈女人之事。

式亭三马的上述二作从落语[153]中得到启发，以对话为主，细致刻画了町人社交场所——澡堂、理发馆中的众生相，继承了洒落本以来的写实手法。但是，以博人一笑为目的的滑稽本难免在情节设计上遭遇瓶颈，自文政初年逐渐衰微，最终被人情本和合卷取代。

人情本出现在宽政改革以后，起初与洒落本一脉相承，以花街柳巷的恋爱故事为主要题材。后来，人情本逐渐吸收读本、草双纸、净琉璃、歌舞伎等艺术形式中的传奇色彩，将笔尖对准商人的御家骚动，转而成为浪漫主义色彩浓厚的传奇小说。

为永春水著有《春色梅儿誉美》等作，是人情本的代表作家。他一方面认为男女之情是真诚之恋，另一方面又大书特书色情和癫狂的情节，强调无药可救的哀伤之感。

合卷是由黄表纸演化而来的草双纸，作为充满传奇色彩的长篇小说受到民众的喜爱。柳亭种彦的合卷尤为杰出，其作品《偐紫田舍源氏》（1829）为人们所熟知。

然而天保改革时期，幕府借整肃风纪之名对江户文学进行了弹压，其严厉程度甚至超过了宽政改革时期。1842 年（天保十三年），幕府再次规定书籍内要写明作者真名，禁止书中带有戏剧化的情节设计和演员的“似颜绘”（肖像画、美女画）。翌年，幕府干脆禁止买卖人情本。在这一过程中，为永春水被处以戴手铐五十天的刑罚、柳亭种彦被传唤、以《江户繁昌记》讽刺幕政的寺门静轩被驱逐。其中，为永春水、柳亭种彦在受罚不久后病逝。

在此期间，只有从怪异小说、谈义物发展而来，鼓吹封建道德，为官方所允许的读本登上了小说界的王座。泷泽马琴的《南总里见八犬传》（1814）就是其中的典型代表。

俳谐与和歌的动向

值得注意的是，在小说以外的文学领域，随着文学作品的普及，其质量反而有所下降。但好在还有俳谐。文政年间（1818—1829），小林一茶的出现令俳谐大放异彩。小林一茶的词句充满了农民式的“我执”和自我意识，在写实的同时又具有强烈的主观元素。孕育小林一茶俳风的其中一点要素，是地主和批发商以北信浓的农村、越后妙高山麓的驿站为主要地点组建起的俳谐会。同时，这些人还是小林一茶经济上的资助人。*

* 江户时代的新和歌以国学家为核心。起初，国学家只是将和歌当作业余爱好。到了后来，贺茂真渊开始以《万叶集》的歌风、歌调创作和歌，其门下涌现出田安宗武等优秀歌人。此后不久，歌坛又出现小泽芦庵、香川景树等职业歌人，他们均以《古今和歌集》的歌风为上乘。文化、文政年间，歌人良宽横空出世，他在万叶古调中融入充满人情味的生活气息，留下许多清新佳作。至天保年间前后，歌坛还涌现出了井出曙览、大隈言道等歌人。然而，江户时代的和歌虽相应地反映了时代的新动向，但相比于俳谐，和歌更难从传统的影响中脱离出来。

美术界的新气象

美术领域同样呈现明显的消长态势。浮世绘美人画巨匠喜多川歌麿之后，流派滥立，整个画坛呈现颓废和形式化趋势。不过在此期间，自称“葛饰（地区）之百姓”的葛饰北斋凭借坚韧的魄力和强烈的探求心，直至90岁高龄还在试图揭开写实的奥秘。其代表作风景版画《富岳三十六景》将富士山与市井生活大胆结合，所使用的印象派远近法和阴影明暗的色彩表现可谓古今独步。葛饰北斋不仅创作风景画，他还设身处地地体会民众的喜怒哀乐，以充满讽刺意味的笔触再现众生相。

与葛饰北斋主观、跃动的风俗版画相对的，是写实、重于抒情的安藤广重的作品。以处女作《东海道五十三次图》为代表，安藤广重以写实的笔法将日本农村、城市的自然和人物纳入风景版画之中。静态的画风、雅致细腻的笔触、西洋画的表现手法与靛蓝勾勒出的色彩效果相结合，使安藤广重深受民众的喜爱。众所周知，葛饰北斋、安藤广重的作品还对法国印象派产生了深远的影响，为梵高、德加等画家所推崇。

净琉璃与歌舞伎的更新换代

元禄以后，净琉璃和歌舞伎的世界发生了翻天覆地的变化。

上演净琉璃的大阪竹本座初代座主竹田出云为近松门左卫门、竹本义太夫等人提供了施展拳脚的舞台。同时，他还以演出组织人的身份吸收净琉璃、歌舞伎的元素，巧妙结合戏曲、音乐、木偶三要素，创造出独特的舞台艺术。二代座主竹田出云提出多人共同创作剧本的理念，他自己也与他人共同创作《假名手本忠臣藏》等剧本。可即便如此，净琉璃依然在此之后进入瓶颈期，不得不将民众娱乐的头把交椅让与歌舞伎。

17 世纪下半叶，作为戏剧的歌舞伎初见雏形。18 世纪下半叶，歌舞伎以江户戏坛为中心迎来鼎盛。演员方面，初代濑川菊之丞、第三代中村歌右卫门、第七代市川团十郎等人风靡一时。特别是第七代市川团十郎，他从初代市川团十郎以来的叫座剧目和角色中甄选出十八剧，称“歌舞伎十八番”。

此时出现了许多优秀的剧本作家，其中著有《东海道四谷怪谈》的四世鹤屋南北，以及稍晚的河竹默阿弥等人尤为著名。与此同时，剧场设备也得到了完善，连接花道的旋转舞台应运而生。这一设计充分彰显了歌舞伎的独创性，被认为是享誉世界的伟大发明。

平田国学的确立

学术领域尤为敏感地反映了封建制度的危机。平田国学的确立和普及就是最好的证明。

本居宣长去世后，门人平田笃胤对儒学、佛教的攻击程度完全在其师之上。伴信友继承了本居宣长的考证学学风，与此相对的平田笃胤则发扬了本居宣长的古道学，著有《灵能真柱》《大道或问》《古道大意》等代表作。平田笃胤的神道学依旧融合了儒、佛二教，甚至还汲取了基督教学说。他倡导造化三神（日本神话中的天御中主神、高皇产灵尊、神皇产灵神）的天地创造说，强调死后的“本世”世界，将死后的“安心”（救赎）理念引入神道学说中。与本居宣长的国学不同的是，平田国学极端主张日本优越性、提倡皇室崇拜，这也显示出了其狭隘、国粹主义的一面。本居宣长的国学以城市为根基。与此相对，明治维新前后，除隐岐一地外，平田国学深深植根于日本全国农村小吏和地主阶层。这是因为，平田国学一方面将这些人的政治关注点引向空泛的尊王攘夷论，另一方面又具有鼓舞农村统治阶层变革的力量。

洋学的波折之路

田沼时代，洋学得到了发展。到了宽政改革时期，洋学的知识和技术愈发带有为封建权力服务的性质。文化、文政年间以后，这种倾向愈发明显。这表现在 19 世纪三四十年代，伊东玄朴[154]开设的私人学堂象山堂共收门人356人，其中武士179人，约占半数。幕府加强对洋学的打压力度也与这种倾向有很大关系。其中，幕府对洋学最严厉的两次打击分别是1828年（文政十一年）的西保尔德事件*和1839年（天保十年）的蛮社之狱。

*1823年（文政六年），荷兰商馆医官、德国科学家西保尔德（Philipp Franz van Siebold）来到日本，在长崎郊外开设学堂，教授数十名日本学生。其中有高野长英、高良斋、小关三英等优秀洋学学者。与西保尔德有来往的幕府天文方官吏高桥景保亲自校订伊能忠敬绘制的《大日本沿海舆地全图》，将其送给西保尔德，希望他将日本地理学的最高研究成果介绍到欧洲学界。密探间宫林藏得知这一消息后，以违反国禁为由告密幕府。最终，西保尔德被驱逐出境，高桥景保死在狱中，其部下38人受到处罚。

居住在江户山手的渡边华山、高野长英等以中小藩士为主的洋学学者创立了“尚齿会”（又称“蛮学社中”），其活动动向与幕府管控洋学的方向并不一致。渡边华山是三河田原藩的家老，俸禄一万两千石，为解决藩国财政困难鞠躬尽瘁。天保大饥馑时，渡边华山曾竭力救济领内饥民。同时，他还师从谷文晁[155]，以朝气蓬勃的创新精神改进写实技法，留下不少肖像画杰作。高野长英是町中的医生，他的立场更为自由，也更关心民众的生活。

1838年（天保九年），听闻漂在海上的日本人被外国船只送回的消息后，渡边华山和高野长英分别写下《慎机论》和《梦物语》，委婉告诫幕府不要不加分辨胡乱击退外国船只。当时，幕府将天保改革时任江户奉行的鸟居忠耀提拔为大目付（在老中手下监察大名及幕府政治）。为扳倒政敌伊豆韭山的代官江川英龙，鸟居忠耀将矛头对准了与江川英龙关系密切的渡边华山和高野长英。有人密告称，渡边华山等人计划偷渡无人岛。鸟居忠耀以此为由将其逮捕。渡边华山被幽禁在本藩,两年后自杀。高野长英被判终身监禁，但在第六年成功越狱，之后隐姓埋名，游走各地教授洋学。1849 年，他用药烧毁面部，改头换面后返回江户，然而 1850 年（嘉永三年），高野长英终遭官吏袭击，自杀身亡。

蛮社之狱的可怕程度足以让主张改革的洋学学者保持沉默。但另一方面，这一事件也推动了幕府将洋学作为军事科学加以利用的进程。

1857 年（安政四年），幕府开设“蕃书调所”（洋学研究教育机构），六年后更名为“开成所”，集聚当时日本代表性洋学学者，将主要精力投入到军事的研究当中。同时，各藩也为了实现军事近代化积极利用洋学。除军事领域外，以医学为代表的自然科学也取得了全方位的发展。但人文科学并未受到重视。

如上所述，幕末洋学背负的命运充满了悲剧色彩。佐久间象山钻研洋学，主张开国论，是走在时代前列的学者。他曾说："东洋之道德，西洋之艺。"(《致小林又兵卫的信》) 当时的洋学学者均认为，“道德”（伦理）要靠儒家思想，而“艺”（技术）则要靠洋学。

四、国民文化的萌芽

民众知识的普及

江户文化的中坚力量逐渐由上层城市居民向中下层转移，内容也越来越具有町人文化特色。可是，城下町的政治环境决定了町人狭窄的社会视野，再加上幕府过紧的出版管制，江户文化愈发陷入僵局。相比之下，自 18 世纪下半叶起，无论是大名城下町、港町、门前町等地方城市，还是分布在全国各地的在乡町和农村，都孕育出了丰富多彩的文化。

这种转变多受益于幕府和各藩的教化政策。但更重要的是，交通发展使得商品流通网络在全国范围内铺开，城市文化也趁势在广阔的地方（相对于中央）生根发芽。遭遇困境、呈现颓势的大城市文化转移到商品生产地后涅槃重生，孕育出了国民新文化的基础。这不仅仅表现在学术领域，1824 年（文政七年）受木偶净琉璃影响而诞生的“车偶”[156]就是城市的表演艺术经农民改良，最终成为鼓舞人民劳作的娱乐活动的案例。

为应对幕藩体制危机，统治者对迄今为止的愚民政策进行了修正，让民众获得读、写、珠算等实用技能。另一方面，统治者也在向民众灌输儒家伦理道德观，努力将民众再次培养成顺从的年贡负担人。正如川柳家所讽刺的，“用武力恐吓，用仁爱哄骗，用知识教诲”(《俳风柳多留》)，幕府已经无法仅仅靠武力来统治民众了。

这样一来，此前只有藩士子弟才能入学的藩校迎来越来越多的农工商子弟。各藩还开设“手习所”“教谕场”等初级教育机构，积极教化民众。农村中的寺子屋数量明显增多，特别是信州地区，其寺子屋的数量占据全国第一位。信州东筑摩郡一地在文政年间有 702 所寺子屋。至庆应年间（1865—1867），这一数字猛增至 1 380 所。许多曾经目不识丁的百姓如今会写会读，这就意味着他们掌握了最有力的反抗武器，而这也是统治者最不想看到的。知识不仅在农民合理经营农业方面大有裨益，还教会了农民如何在年贡和村费问题上辨别领主、村吏的不法和违规行为。江户后期，以中下层农民为主体的农民起义、村方骚动不断加剧，可以说，背景之一就是民众知识水平的提高。

虽说寺子屋在农村得到普及，但能让子弟学习的仅限于上层农民，至少是中农以上阶层。若是贫农，包括孩子在内的全家人都要进行集约劳动，即便如此还常常吃了上顿没下顿，根本没有余裕供孩子学习。平田笃胤也曾说，没有余暇的人和老人没有机会读书，因此他们不可能有“大和心”（大和民族精神）。诚然，江户时代的民众知识水平虽在日益提高，但封建制度的高墙依然耸立。

地方文化的兴起

综上，如果将武士、僧侣和神官剔除在外的话，能够扛起江户后期地方文化大旗的，只能是村吏、地主、批发商和高利贷商人。从儒学、国学、心学等学问，到汉诗文、和歌、俳谐以及各种游艺，都是依靠他们的闲暇时间和金钱流行开来的。

地方文化最早兴起于大阪周边经济发达的城市和村庄。但是到了江户后期，地方文化在全国各地普及。下总利根川沿岸就是一个很好的例子。

以铫子和佐原为中心的香取、海上两郡渔业、酿造业发达，是大米、沙丁鱼干等重要商品面向江户、上方地区的集散地。同时，这里的新胜寺（别名“成田不动”）和香取、鹿岛两大神社还吸引众多文人墨客前来参拜。除上述因素外，这一地区的幕府领地与旗本领地犬牙交错，边界问题复杂，领主权力渗透较弱，因此这里涌现了许多进步的豪农。

出于上述原因，该地区既出现了像佐原豪农伊能家族的伊能忠敬这样的人，又出现了笹川的繁藏、饭冈助五郎这种赌徒大头目。平田笃胤在世时，下总的平田国学门人就已经达到 110 人，在全日本位列第一，其中大部分是香取、海上两郡的豪农豪商。整个越后地区的平田国学门人数量也在全国位居第三。其中，在大米商品化程度较高的稻米产地——越后蒲原平原地区，平田国学尤为普及，其门人数量在整个越后地区占据绝对优势。*

*平田国学带有一定的新兴宗教性质。但一方面，这种兴起于幕末时期的教祖信仰又显示出对民众之苦的深刻同情。因此，只要民众期望该信仰能够拯救他们、给他们带来美好的生活，其民众宗教的本质就不会改变。黑住、天理、金光等派即是如此。这些新的信仰或多或少都会批判封建秩序。幕府也延续了对待基督教的态度，对其进行了残酷的镇压。而教祖和信徒也和江户初期的天主教徒一样，以信仰为武器誓死抵抗。

与平田国学并称的垂加神道不仅受到领主的青睐，还在地方豪族之间收获众多信奉者。元禄年间，在前文提到的濑户内海盐业中心安艺竹原下市，垂加神道大为流行，信奉者几乎都是担任年寄、庄屋、组头等职务，同时又经营酒馆、当铺、盐田的商人。当这些传统豪强没落后，新兴商人取而代之活跃起来，成为町文化的新挑夫。绀屋又十郎就是其中的代表。他师从小泽芦庵学习和歌，还培养出了著名学者、诗人赖春水、赖春风、赖杏坪三兄弟。而赖春水又培养出了著名的历史学家、儒学家、汉学家赖山阳。

豪农豪商与学问

那么，当这些学问、游艺被地方村吏、地主、豪商拿来为己所用时，他们的身份、生活、情感会使这些学问、游艺产生怎样的现实作用呢？

平田国学门人、下总香取郡镝木村豪农平山满晴与其本家一样，是典型的寄生地主。他禁止村民堕胎，奖励孝行，勤于村落统治阶层应尽的职责。此前，佃农屡屡要求平山氏辞去村吏职务，拒绝缴纳地租，以此反抗平山氏的统治。而平山满晴采取以上措施，就是出于地主的立场来应对这种局面。值得一提的是平山氏的本家族长，他不仅学习国学，还受教于当时住在该郡坂部村的大原幽学，研修学问，通过农业指导来提高地主经营的生产效率，并反思自己作为地主怎样才能成为名主。

同为下总人的铃木雅之生于埴生郡南羽鸟村的农家。他独自学习本居宣长、平田笃胤的著作，是性情孤傲的学者。庆应年间，铃木雅之完成《民政要论》《治安策》等著作，主张人在神的意志下拥有与生俱来的道德，这种道德可使人过上正直、安乐的生活，但由于贫穷和愚昧，农民正过着悲惨的生活，因此当务之急是均分土地、设立学校，去除农村中的贫穷和愚昧。由于学者的阶级立场不同，国学等学问所发挥的思想作用也各不相同。这些思想作用不仅使村吏进行反思、使地主改良经营，甚至还发展成为一种革命思想，从贫农的立场出发要求打破现状。

豪农豪商与尊王攘夷运动

出于对封建制度的危机感，豪农豪商中开始有人倾心于尊王攘夷运动也是自然的事。

渡部多总治是越后颈城郡天野原村的豪农，他让儿子渡部健藏跟随后来在安政大狱[157]中去世的尊王攘夷派巨头梅田云滨学习，还屡屡以点心钱的名义为其提供政治运动资金。豪商菊池教中是常陆真冈地区的棉花中介批发商，他在关东地区拥有五十多家名为佐野屋的分店。1862 年，提倡公武合体论的幕府老中安藤信正遭袭，史称“坂下门事件”。策划这次事件的就是菊池教中及大桥讷庵。菊池教中受大桥讷庵朱子学中的名分论启发，将开垦新田的农民编成农兵队，施以严格的训练。从佐野屋的性质来看，它一方面是寄生于封建制度的商业资本，另一方面又突破了藩国割据的框架，参与到全国商品流通中来，因此菊池教中必然会受到来自幕藩体制的制约和束缚。特别是开放港口后的营业不振更加坚定了菊池教中变革现状的意识，而大桥讷庵对他的启发不过是一种催化剂罢了。

在所谓的草莽志士中，像渡部多总治和菊池教中这类人不在少数。他们作为村或町的统治阶层，基于一种统治危机意识发起改革运动，因此，这些改革运动只不过是封建下士为了实现专制主义而发起的尊王攘夷运动的一部分。如果说这些人的参加让明治维新有了开明的一面，那么大概是因为，这些人的经营性质相应地反映了其背后普通民众、町人的反封建斗争热情。

近代伦理道德的产生

取代封建伦理道德的近代伦理道德和人际关系在民众社会发展的支撑下开始萌芽。过去，伦理道德只停留在知识分子的意识中，如今却在民众之间生根发芽。

《梦语》中有言，“暂且不论今之武士即便受到无理指责也违心称是或阿谀奉承，今之百姓反而刚正不阿”，早在天明年间世道就是如此。在幕末的农民起义中，公然主张人人平等和尊严的思想意识更加强烈。1853 年（嘉永六年），南部藩三闭伊地区发生九十村一万五千人集体逃散事件。彼时“官员大怒，叱责百姓以下犯上、出言不逊。百姓听后哄笑不止，顶撞官员：‘汝等轻慢百姓，大错特错。百姓之事，汝等听好！士农工商、天下万物，皆不离源平藤橘四姓，天下诸民皆为百姓。养其命之故，遂称农民为百姓。汝等岂非百姓所养耶。’”（《远野远丹寝物语》）1859 年（安政六年），信州伊那郡南山三十六村强诉时称：“结党强诉乃天下御法度（禁令），亦各村告示中的头等禁令。若称我们可恶之极，我们反问总代，是谁让我们走到结党强诉这般田地？殿下的做法令大家不满，因此才一同请愿……路是天下的路，殿下不打这儿过，它也是路。就是把人捆了、砍了，要过路的人还得照样过。把我们一千五六百人捆也罢、杀也罢，悉听尊便，但我们今天就要打这儿过。”（《南山一件文书》）

在这一背景下，近代国民意识由此萌芽。1866年（庆应二年），江户小石川发现一纸舍文[158]，上面写着“国内无一人贫穷、降低米价及各类物价——吾欲改革上述两则，使日本国成为世界第一之善国”（《新闻丛》）。

这些对政治的新期许也成了庆应年间至明治初年社会改革风暴的纲领。例如1868年10月，以会津领地为中心爆发捣毁暴动，随之掀起的社会改革运动要求消除贫富悬隔，即改革社会、平等拥有土地、公选村吏等。当明治年间建立的专制主义政府在地租改革中承认村落统治阶层——地主所拥有的土地，拒绝社会改革运动中农民所要求的土地改革时，这场运动便与自由民权运动相结合，成为自由民权运动中激进、高昂的一翼。

年 表

公历	日本纪年	事件
1560	永禄三年	5 月，桶狭间之战
1563	永禄六年	9 月，三河一向宗起义（翌年平定）
1568	永禄十一年	9 月，织田信长入京（京都）
1582	天正十年	6 月，本能寺之变 是年，德川家康统治甲斐、南信浓
1583	天正十一年	7 月，丰臣秀吉在近江检地（太阁检地之肇始） 8 月，丰臣秀吉改封大名
1584	天正十二年	3 月，小牧长久手之战
1589	天正十七年	是年，德川家康在其五国领地检地
1590	天正十八年	7 月，后北条氏灭亡 8 月，德川家康进入江户 是年，南关东诸国检地
1592	文禄元年	4 月，丰臣秀吉出兵朝鲜
1593	文禄二年	是年，德川家康听藤原惺窝讲义
1595	文禄四年	是年，后藤庄三郎制造武藏小判
1597	庆长二年	2 月，丰臣秀吉再度出兵朝鲜
1598	庆长三年	8 月，丰臣秀吉去世

公历	日本纪年	事件
1600	庆长五年	3 月，荷兰船只李福德号（Liefde）漂至日本 9 月，关原之战 是年，大名改易、改封、减封；英国东印度公司成立
1601	庆长六年	是年，德川家康开展朱印船贸易
1602	庆长七年	是年，荷兰东印度公司成立
1603	庆长八年	2 月，江户幕府开府 3 月，江户城市扩建，各藩颁布乡村公约 4 月，出云阿国在京都表演歌舞伎舞蹈
1604	庆长九年	5 月，丝割符制度制定 是年，修整东海道诸道，设立“一里冢”里程碑
1605	庆长十年	4 月，德川秀忠继任将军 是年，日本国内基督徒达七十万人
1606	庆长十一年	9 月，江户城大改建（持续至翌年）
1607	庆长十二年	4 月，林罗山成为将军侍讲
1608	庆长十三年	12 月，禁止永乐钱流通
1609	庆长十四年	8 月，荷兰在平户开设商馆 9 月，没收西国大名 500 石以上大型船只 12 月，圣母号（Madre de Deus）事件 是年，德川家康接见唐·罗德里戈（Don Rodrigo）
1611	庆长十六年	4 月，制定法令三条，要求诸大名上交起誓书

公历	日本纪年	事件
1613	庆长十八年	8 月，英国在平户开设商馆 9 月，伊达政宗派遣支仓常长赴罗马 12 月，《伴天连驱逐令》颁布（“伴天连”是基督教的俗称）
1614	庆长十九年	1 月，全国禁教 10 月，大阪冬季战役
1615	元和元年	4 月，大阪夏季战役 5 月，丰臣氏灭亡 闰 6 月，《一国一城令》颁布 7 月，《武家诸法度》《禁中并公家诸法度》颁布
1616	元和二年	4 月，德川家康去世 8 月，禁止英国、荷兰船只停靠长崎、平户以外的港口 10 月，禁止种植烟草、买卖人口
1617	元和三年	3 月，吉原勾栏开张 4 月，德川家康改葬日光东照宫
1619	元和五年	是年，南海路开通；箱根设置关卡
1622	元和八年	8 月，元和大殉教
1623	元和九年	7 月，德川家光继任将军 11 月，英国关闭平户商馆 是年，京都驱逐浪人
1626	宽永三年	是年，实施踏绘
1629	宽永六年	10 月，禁止游女歌舞伎 是年，江户城中设置岗哨所
1630	宽永七年	是年，禁止基督教相关书籍进入日本
1633	宽永十年	2 月，禁止奉书船以外的船只渡航
1634	宽永十一年	11 月，伊贺越复仇事件

公历	日本纪年	事件
1635	宽永十二年	5 月，所有日本人被禁止出国、归国 6 月，订正《武家诸法度》，确定参勤交代的时间 11 月，幕府制定老中及以下官职的编制
1636	宽永十三年	6 月，铸造宽永通宝 是年，葡萄牙人被迁至出岛
1637	宽永十四年	10 月，岛原之乱
1639	宽永十六年	7 月，禁止葡萄牙人来航
1640	宽永十七年	是年，设置宗门改役
1641	宽永十八年	5 月，平户的荷兰商馆被迁至出岛
1642	宽永十九年	是年，宽永大饥馑；英国清教徒革命
1643	宽永二十年	3 月，下发土地永久买卖禁令
1649	庆安二年	2 月，《庆安检地条令》《庆安御触书》颁布
1651	庆安四年	7 月，庆安事件 8 月，德川家纲继任将军 12 月，放宽《末期养子禁令》
1652	承应元年	1 月，抓捕倾奇者 7 月，禁止若众歌舞伎
1655	明历元年	是年，玉川饮用水工程大体竣工
1657	明历三年	1 月，江户大火（明历大火、振袖火事） 2 月，德川光圀着手编纂《大日本史》 7 月，幡随院长兵卫被杀
1659	万治二年	6 月，僧人隐元引入黄檗宗
1662	宽文二年	是年，伊藤仁斋开设家塾古义堂
1663	宽文三年	5 月，禁止殉死

公历	日本纪年	事件
1665	宽文五年	7月，废除证人制 是年，山鹿素行倡导古学
1666	宽文六年	3月，酒井忠清就任大老
1670	宽文十年	6月，林鹅峰向幕府献上《本朝通鉴》
1671	宽文十一年	4月，幕府裁决伊达骚动 是年，东回航航路开通
1672	宽文十二年	是年，西回航航路开通
1673	宽文十三年	6月，《分地限制令》颁布 是年，三井氏在江户、京都开设越后屋吴服店
1680	延宝八年	7月，德川纲吉继任将军
1681	天和元年	6月，德川纲吉亲自裁决越后骚动
1682	天和二年	5月，各藩竖起忠孝告示牌 10月，井原西鹤《好色一代男》出版
1684	贞享元年	8月，大老堀田正俊被若年寄稻叶正休杀害 是年，松尾芭蕉《冬日》刊行
1687	贞享四年	1月，《生类怜悯令》颁布
1688	元禄元年	12月，柳泽吉保成为侧用人 是年，英国光荣革命
1694	元禄七年	是年，江户十组问屋成立
1695	元禄八年	8月，幕府改铸元禄金银
1697	元禄十年	7月，宫崎安贞《农业全书》刊行
1702	元禄十五年	12月，赤穗浪士复仇
1703	元禄十六年	4月，近松门左卫门《曾根崎心中》上演

公历	日本纪年	事件
1706	宝永三年	6 月，铸造宝字银
1709	宝永六年	1 月，《生类怜悯令》废除 5 月，德川家宣继任将军 6 月，幕府起用新井白石
1711	正德元年	2 月，修改朝鲜使节待遇
1712	正德二年	9 月，罢免勘定奉行荻原重秀
1713	正德三年	4 月，德川家继继任将军
1714	正德四年	3 月，大奥侍女长绘岛等人被流放 9 月，正德金银发行
1715	正德五年	1 月，《长崎新令》颁布
1716	享保元年	5 月，德川吉宗继任将军 5 月，新井白石《折焚柴记》成书
1717	享保二年	2 月，大冈忠相就任江户町奉行 是年，荻生徂徕倡导古文辞学
1718	享保三年	12 月，江户制定町灭火制度
1720	享保五年	1 月，开始制定《公事方御定书》 是年，允许与基督教无关的洋书进入日本
1721	享保六年	6 月，全国人口调查 8 月，设置目安箱
1722	享保七年	7 月，制定上米制 10 月，越后质地骚动
1723	享保八年	6 月，制定足高制 11 月，竖起奖励开垦新田的告示牌
1726	享保十一年	5 月，新田检地条目颁布

公历	日本纪年	事件
1729	享保十四年	是年，石田梅严倡导心学
1730	享保十五年	是年，樽回船运营
1732	享保十七年	是年，享保大饥馑
1733	享保十八年	1 月，江户发生历史上的第一次捣毁暴动
1734	享保十九年	是年，普及甘薯
1735	享保二十年	10 月，为调节米价，官方规定大米市价
1736	元文元年	5 月，文字金银发行
1745	延享二年	9 月，德川家重继任将军
1747	延享四年	是年，熊本藩主细川重贤改革
1748	宽延元年	8 月，竹田出云《假名手本忠臣藏》上演
1752	宝历二年	是年，加贺骚动
1755	宝历五年	2 月，安藤昌益《自然真营道》成书
1756	宝历六年	5 月，大冈忠光成为侧用人
1758	宝历八年	7 月，宝历事件
1760	宝历十年	7 月，贺茂真渊《万叶考》成书 10 月，德川家治继任将军
1764	明和元年	是年，铃木春信发明锦绘
1766	明和三年	6 月，幕府在大阪开设铜座
1767	明和四年	7 月，田沼意次成为侧用人 8 月，明和事件 是年，米泽藩主上杉治宪改革

公历	日本纪年	事件
1770	明和七年	4 月，实施密告制度防止强诉、结党、逃散
1771	明和八年	是年，池大雅、与谢芜村合作完成《十便十宜图》
1772	安永一年	1 月，田沼意次就任老中
1774	安永三年	8 月，杉田玄白等人翻译的《解体新书》刊行
1776	安永五年	是年，美国发表《独立宣言》
1778	安永七年	6 月，俄国船只来到虾夷地要求通商
1780	安永九年	8 月，幕府开设铁座、黄铜座
1781	天明元年	8 月，上州爆发反对绢丝改役所的大型起义
1782	天明二年	6 月，幕府着手开发印旛沼
1783	天明三年	7 月，浅间山大喷发 是年，天明大饥馑
1784	天明四年	3 月，佐野政言杀害若年寄田沼意知 11 月，江户货币兑换商的人数被规定为 643 人
1785	天明五年	是年，俵物管理权被转移至长崎俵物役所；幕吏最上德内调查虾夷地
1786	天明六年	12 月，备后福山藩大规模起义
1787	天明七年	3 月，德川家齐继任将军 5 月，江户、大阪发生捣毁暴动 6 月，松平定信就任老中 是年，山东京传《通言总篱》刊行
1789	宽政元年	9 月，《弃捐令》颁布；命令万石以上藩士囤米 是年，恋川春町《鹦鹉返文武二道》刊行；法国大革命

公历	日本年年	事件
1790	宽政二年	2月，设立人足寄场 5月，异学之禁
1791	宽政三年	4月，林子平《海国兵谈》刊行 12月，七分积金法制定 是年，山东京传受到处罚
1792	宽政四年	5月，林子平受到处罚 9月，俄国使节拉克斯曼（Adam Laxman）率船队来到根室
1793	宽政五年	3月，松平定信视察伊豆、相模沿岸
1798	宽政十年	6月，本居宣长《古事记传》成书 是年，近藤重藏于择捉岛竖起“大日本惠土吕府”标柱
1799	宽政十一年	是年，高田屋嘉兵卫开辟择捉航路
1800	宽政十二年	3月，开设昌平坂学问所
1801	享和元年	是年，志筑忠雄《历象新书》刊行
1802	享和二年	是年，十返舍一九《东海道中膝栗毛》初篇刊行
1804	文化元年	7月，俄国使节雷扎诺夫（Nikolai Petrovich Rezanov）来到长崎要求通商 是年，喜多川歌麿受到处罚
1806	文化三年	1月，《外国失事船只抚恤令》颁布
1807	文化四年	3月，东西虾夷地成为幕府直辖地
1808	文化五年	4月，间宫林藏勘察库页岛 8月，费顿号事件
1809	文化六年	1月，式亭三马《浮世澡堂》刊行
1812	文化九年	12月，平田笃胤《灵能真柱》成书

公历	日本纪年	事件
1814	文化十一年	是年，泷泽马琴《南总里见八犬传》第一辑刊行
1818	文政元年	8 月，水野忠成就任老中
1819	文政二年	12 月，塙保己一《群书类从》正篇成书 12 月，小林一茶《我的春天》刊行 是年，山片蟠桃《梦之代》刊行
1821	文政四年	7 月，伊能忠敬《大日本沿海舆地全图》（死后完成）
1823	文政六年	是年，大藏永常《农具便利论》刊行
1825	文政八年	2 月，《外国船只驱逐令》颁布 7 月，四世鹤屋南北《东海道四谷怪谈》上演
1827	文政十年	是年，设立关八州取缔出役；佐藤信渊《经济要录》成书；萨摩藩调所广乡改革
1828	文政十一年	10 月，西保尔德事件
1829	文政十二年	是年，柳亭种彦《修紫田舍源氏》刊行
1830	天保元年	是年，水户藩主德川齐昭改革
1832	天保三年	是年，为永春水《春色梅儿誉美》刊行
1833	天保四年	是年，天保大饥馑
1834	天保五年	3 月，水野忠邦就任老中
1836	天保七年	是年，郡内骚动
1837	天保八年	2 月，大盐平八郎之乱 6 月，生田万之乱；美国船只马礼逊号（Morrison）进入浦贺港，遭炮击 9 月，德川家庆继任将军

公历	日本纪年	事件
1838	天保九年	是年，渡边华山《慎机论》成书；高野长英《梦物语》成书；兰学家绪方洪庵在大阪开设私塾“适塾”（又称“适适斋塾”）；二宫尊德着手重建小田原藩财政
1839	天保十年	5月，蛮社之狱
1840	天保十一年	是年，长州藩村田清风改革；中国鸦片战争
1841	天保十二年	5月，江户幕府推行天保改革 10月，渡边华山自杀 12月，株仲间解散令下发
1842	天保十三年	6月，第七代市川团十郎被驱出江户；柳亭种彦、为永春水受到处罚 7月，废除文政年间的《外国船只驱逐令》，恢复文化年间的《外国船只抚恤令》 9月，禁止农民从事副业
1843	天保十四年	3月，《返乡法》颁布 6月，着手开发印旛沼 9月，《上知令》颁布 闰9月，水野忠邦被免去老中职务
1844	弘化元年	8月，荷兰国王劝告幕府开国
1850	嘉永三年	10月，佐贺藩制造反射炉；高野长英自杀 12月，国定忠次被处以磔刑（绑在柱子上乱枪刺死） 是年，中国太平天国运动
1851	嘉永四年	3月，江户幕府准许重振株仲间
1853	嘉永六年	6月，美国使节佩里来航 10月，德川家定继任将军

公历	日本纪年	事件
1854	安政元年	3 月，《日美亲善条约》签署
1855	安政二年	11 月，幕府拟定国产统制计划签署
1858	安政五年	6 月，《日美友好通商条约》签署 10 月，德川家茂继任将军
1859	安政六年	10 月，安政大狱
1866	庆应二年	1 月，萨长同盟结成 12 月，德川庆喜继任将军
1867	庆应三年	10 月，德川庆喜大政奉还 12 月，王政复古大号令颁布

译　注

1. 狂歌，以诙谑、滑稽为宗旨的短歌，起源于《万叶集》的戏咲歌和《古今和歌集》的俳谐歌，江户中期的天明年间风靡一时。
2. 幕藩体制，日本封建政治体制，幕府统治各藩大名、幕府与各藩均作为领主向农民征收租米年贡的制度。
3. 关八州，江户时代关东八国的称谓，即相模、武藏、上野、下野、安房、上总、下总、常陆。相当于今天日本关东地区。
4. 太阁检地，“太阁”是丰臣秀吉的称谓。“检地”指丈量和调查土地地界、面积、收获量等情况以核算年贡额和各项劳役，始于 1582 年（天正十年）。
5. 知行地，日本近世将军、大名作为俸禄授予家臣支配权的土地。
6. 旗本，江户时代直属于将军的家臣中俸禄在一万石以下、有资格直接晋见将军的家臣。
7. 御家人，江户时代直属于将军的家臣中俸禄在一万石以下、没有资格直接晋见将军的家臣。
8. 藏米取，江户时代领取藏米而非知行地作为俸禄的幕臣或藩士。“藏米”即幕府、各藩贮藏在米仓中的大米。
9. 反、坪，日本土地面积单位，1 反为 300 坪，1 坪约合 3.3 平方公尺。

10. 名主，江户时代身份为百姓，受郡代或代官领导，统辖全村，收取年贡的村级官吏。

11. 上方，以京都、大阪为中心的近畿地区。

12. 地头，江户时代被授予知行地的大名家臣或幕府旗本。

13. 一向一揆，日本室町、战国时代在北陆、近畿、东海等地爆发的宗教起义。真宗本愿寺派的一向宗僧侣及门徒中的农民联合起来反抗守护大名。

14. 城下町，以封建领主的居城为中心，在其周围发展起来的城镇，日本现代主要城市大部分由近世城下町发展而来。

15. 太田道灌（1432—1486），室町中期的武将、歌人，1457 年修筑江户城。

16. 町年寄，作为町官吏的首长，处理町内日常行政的实权者，是位于町名主之上的最高町官员。

17. 御用町人，出入幕府、诸藩和武家宅邸，负责采购各种日用所需的商人或手艺人。

18. 公家，仕于朝廷的身份高的人，相对于武士出身的“武家”。

19 藤原惺窝（1561—1619），江户初期的儒学家，初为僧人，后研究朱子学，创立京都学派，受到德川家康的重视。

20. 五奉行，丰臣秀吉就任关白后，任命亲信家臣前田玄以、浅野长政、增田长盛、石田三成、长束正家为五奉行，为其分担政务。

21. 五大老，丰臣秀吉任命五位大名为五大老辅佐其子丰臣秀赖，这五人分别为德川家康、前田利家、毛利辉元、宇喜多秀家、小早川隆景（后由上杉景胜继任）。

22. 大阪之战，1614 年（庆长十九年）冬天及翌年夏天，德川氏消灭丰臣氏的两次战役。

23. 源赖朝（1123—1160），镰仓幕府第一代将军，日本幕府制度的开创者。

24.《吾妻镜》，镰仓幕府编纂的编年体官方记录，共 52 卷，记述了治承四年（1180）至文永三年（1266）的事件。

25.《贞永式目》，《御成败式目》的别称。1232 年（贞永元年）镰仓幕府的实际掌权人北条泰时下令编纂的镰仓幕府法，为后世武家法之典范。

26. 织田信长、丰臣秀吉、德川家康三人性格迥异，对此，日本民间有比喻——面对一只不啼叫的杜鹃，织田信长的办法是不叫就杀掉；丰臣秀吉的办法是设法让它啼叫；德川家康的办法是等它啼叫。三人的结局如世人熟知，织田信长奠定了统一日本的基础，丰臣秀吉壮志未酬身先死，德川家康韬光养晦，最终得天下、开幕府。

27. 大御所，对退位的将军或将军父亲及其住所的尊称。一般多指德川家康及江户幕府第十一代将军德川家齐。

28. 谱代大名，江户时代关原之战以前便侍奉德川氏的世袭家臣。

29. 外样大名，江户时代关原之战后臣服于德川氏的家臣，原则上禁止参与幕政。

30. 南蛮流，“南蛮”是日本室町至江户时代对暹罗（泰国）、吕宋、瓜哇、交趾（越南）等南洋各地的总称。由于葡萄牙人和西班牙人经由这些地区来到日本，因此也特指葡萄牙人和西班牙人。“流”指思维方式、方法、风格样式等。

31. 银座，江户幕府的银币铸造发行所。“座”指受朝廷、幕府、神社、寺院等保护，拥有特定商品销售、制造垄断权的行业工会组织。

32. 匁，江户时代的银币重量单位，根据年代和行情不同有所增减。

33. 寺内町，于寺院内形成的町，经常成为宗教暴动的据点。

34. 本百姓，江户时代保有田地和住宅、负担年贡和杂税、对入会地拥有使用权的独立自营农民。

35. 大肝煎，即大名主、大庄屋。

36. 水吞百姓，江户时代对没有土地、租地耕种或外出打短工、当雇工的贫穷小农的蔑称，名称来源于这些人穷得只能喝水。

37. 法令三条，1611 年（庆长十六年），德川家康为加强对大名的统治，对大名下发三条法令，要求大名遵守幕府命令、不得窝藏违反幕府命令之人并上交起誓书。

38. 参勤交代，江户幕府对大名的统治政策。为了加强对大名的控制，幕府命令大名轮流在江户和其领地居住，原则上一年一轮换，以 4 月为轮换期。

39. 吉田流唯一神道，室町末期由吉田兼俱集大成的神道派别。主张儒、佛、道三教分别为枝、叶、花实，日本自古以来的随神之道是法之根本。

40. 御三家，亲藩（见注 48）中的最高位，分别为以德川家康九子德川义直为祖的尾张德川家，以十子德川赖宣为祖的纪州德川家，以十一子德川赖房为祖的水户德川家。当将军无子嗣时，除本家外，御三家也有将军继承权。

41. 方济各・沙勿略（1506—1552），西班牙人，天主教传教士，耶稣会创始人之一，也是最早来东方传教的耶稣会士。1540 年，沙勿略奉葡萄牙国王之命到东方传教，于 1542 抵达印度果阿。1549 年乘中国商船至日本山口、丰后水道沿岸等地传教。1551 年从日本乘船至中国台山上川岛，因明朝海禁政策无法进入内地，死于该岛。

42. 穴吊，江户时代的酷刑。将犯人全身捆绑倒挂起来，头部埋入挖好的洞中，在耳后割一伤口，令犯人慢慢失血致死。

43. 老中奉书，老中奉将军之命盖印、下发的文书。

44. 宗门改役，江户时代的官职，负责落实江户幕府的宗教制度，执行宗门调查事务。

45. 檀那寺，指家族皈依、成为施主，将家中死者名薄寄存于该寺并在该寺做法事的寺院。

46. 檀家，依附于檀那寺的人或家族。

47. 阿春，意大利人与日本人所生的混血女子，因锁国政策遭驱逐。当时，包括洋人和日本人在内的数百人被驱逐至现今雅加达地区。这些日本妇女及其后代寄回日本的书信被称为“雅加达书信”。其中，阿春寄回的书信最为动人和著名。

48. 亲藩，指德川家康以后的德川氏子弟成为大名的藩。

49. 下马将军，因其官邸在江户城下马牌附近、实权不亚于将军而得名。

50. 十村，为了怀柔领地内实力雄厚的农民，藩主将他们任命为十村，监督、管理农村，保障税收。

51. 楠木正成（？—1336），日本南北朝武将、河内土豪。1331 年响应后醍醐天皇在河内赤坂城举兵，为建立肂武政权做出贡献，后成为河内和泉的守护。1336 年，楠木正成在兵库凑川被足利尊氏打败，与其弟楠木正季互刺而死。

52. 三大特笔，指在《大日本史》中，德川光圀将神功皇后排除在皇位之外、将大友皇子奉为弘文天皇、将日本南朝奉为正统。

53. 讲谈，日本大众说唱艺术，以抑扬顿挫的声调讲述战争故事、武勇传、复仇记、侠客传等的曲艺。

54. 实录物，实录体小说，江户时代读物，多根据讲谈脚本全本整理而成，体裁近于实录，但也夹杂着作者的虚构成分。

55. 绘草纸，江户时代面向妇女和儿童的带有插图的小说。根据封面颜色分为赤本、黑本、青本、黄表纸等。

56. 改易，在江户时代指没收武士领地、家禄、房产，开除士籍。

57. 五人组帐前书，江户时代，将近邻五户编为一组共同制定、遵守的法令条文。

58. 明历大火，俗称“振袖火事”。明历三年（1657）1月18日，江户本乡本妙寺起火，烧至翌日，江户中心约55%的街区被烧毁，死者十万余人，是江户发生过的最大火灾之一。一般认为，施食会上和服长袖起火导致了这次火灾的发生。

59. 旗本奴，江户时代，身份为旗本的青年无赖及其团伙。

60. 六方步，歌舞伎演员上场时夸张地摆动双手、迈大步的步伐。

61. 町奴，江户时代，身份为町人的游侠之徒及其团伙。他们与旗本奴一样身着华服，聚众结党，横行于市中。

62. 大番头，大番组的头领。大番组是江户幕府的职务名称，平时轮流守卫江户、大阪以及京都的二条城，一旦发生战争则临阵战斗。

63. 风流舞，又称“风流”，日本传统艺术形式。人们身着华服，以钲、太鼓、笛子等乐器伴奏，配以短小通俗的流行歌谣的群体舞蹈。

64. 荒事，歌舞伎中以勇士、鬼神为主角的狂言。通常以脸谱和夸张的表演来表现超人的力量。

65. 意地，固执、倔强，一味坚持己见。

66. 一分，作为男子汉，尊严上不容他人伤害的最低限度。

67. 庄园制，日本平安至室町时代，拥有庄园的贵族、神社、寺院向皇室或摄关等捐赠土地，以获得免税、禁止官吏进入等特权的制度。

68. 神职请制度，让神社代替寺庙担负起掌控人民、排斥基督教使命的制度。

69. 伊吕波歌，习字歌，由 47 个不重复的平假名编成的和歌。

70. 小笠原流礼法，室町时代，由小笠原长秀制定的礼节、礼仪作法。江户时代普及至民间，成为女子家庭礼仪教养方面的重要标准。如今，“小笠原流”一词也指生硬呆板的礼仪。

71. 冈场所，江户除吉原勾栏以外未经官方允许的烟花巷。

72. 一骑打，敌我双方一对一决出胜负的战斗形式。

73. 守护大名，室町时代封建领主化的守护。守护是镰仓幕府设置的官职，负责催促各地派遣守卫京城的武士，对谋反、杀人的罪犯进行检查断罪。

74. 守护代，守护离开领地时，代行其行政职务的人。

75. 国人，指日本南北朝以后的当地领主或乡村武士。

76. 分国法，日本战国大名为统治领地独立颁布的法令，只在分国（大名的各自领地）内有效。

77. 活人剑，斩断不义、不正、妄念，救人活命的正义之剑。与“杀人剑”相对。

78. 武田信玄（1521—1573），日本战国时代武将。曾五次与上杉谦信在川中岛作战，曾在三方原打败德川家康，后病逝于西上途中。

79. 五大道，江户时代以江户为起点的五条主要陆上交通线，分别为东海道、中山道、奥州大道、甲州大道、日光大道。

80. 百姓代，江户时代村吏之一，与名主、组头合称地方三吏，从属于郡代和代官，代表村民的同时又监督村民。

81. 化缘僧唱词，江户时代挨家挨户演唱行乞的艺术形式，手敲小木鱼，风趣地演唱世间奇闻逸事。

82. 浪曲，又称“浪花调”，民间说唱故事形式之一，诞生于江户末期，由三味线伴奏，分为说和唱两部分。

83. 被官，附属于有实权的地主，作为其土地的附属物从事农耕、一切均受到管制的农民。

84. 秽多、非人，日本中世以后，秽多和非人被视为贱民的一个阶层。江户时代，作为统治民众的一种手段，幕府在身份上将他们排除在士农工商四民之外，被置于社会最底层。

85. 宫座，同一氏神地区的部分居民组织起来，举行氏神祭祀活动的团体。

86. 村八分，江户时代村落的制裁方式之一。全体村民约定除葬礼和火灾两种情况外，对扰乱村子秩序的人和家属处以断绝来往的惩罚。

87. 产土神，守护出生地的神。江户时代以后视同氏神、镇守神。

88. 灵场，神社、寺院、坟墓等神圣之地。

89. 待日会，从前一天晚上开始斋戒沐浴，拜祭第二天的日出。特指选在正月、五月、九月的吉日举行的仪式。待月会，在特定月龄的夜晚（多在十五夜、十七夜、十九夜、二十三夜等），人们聚集一处共进食物，等待月亮升起并作遥拜的民俗活动。

90. 在乡町，虽位于农村但农商混住且具有城镇功能的町。

91. 畿内，指日本古代京都周围的大和、山城、河内、摄津四国。后来从河内分出和泉，成为五国。

92. 札差，又称“藏宿”，江户时代住在浅草藏前，为旗本、御家人领取俸米，并兑换成现金的商人。

93. 描述的是江户最常见到的四样东西。稻荷，指稻荷神社。

94. 反，日本布匹长度单位。长约2丈7尺，宽9寸。1反和服料可做1套和服。

95. 新隐居，度过番头格阶段后，未拥有自己的店而继续在原店工作的人。

96. 寄生地主，将土地出租给佃农，自己不从事农业生产，依靠收取地租生活的地主。

97. “插着两把刀的”指武士，源于武士腰插大小两刀。“田乐”指田乐豆腐。烤田乐豆腐时需要在豆腐上穿两根扦子，因此武士被暗讽为田乐豆腐。

98. 一味同心，原意指为了同一个目的聚集在一起的人，转指有谋反倾向的组织。

99. 犬公方，江户幕府第五代将军德川纲吉的绰号，因发布《生类怜悯令》而得名。

100. 汤岛圣堂，位于今东京都文京区汤岛的祭祀孔子及其他圣贤的祠庙。1690年，德川纲吉将1632年建于江户上野忍冈的林罗山家塾圣堂移至汤岛，遂得此名。

101. 古今传授，日本歌道传授方式之一，指中世的师长将《古今和歌集》的训诂注释传授给弟了。

102. 郡内织，山梨县郡内地区特产丝织物，多为粗格子花纹，用于做被褥。

103. 桃山文化，日本16世纪末丰臣秀吉掌握政权时期的文化。以新兴大名的成长、都市豪商的财力为背景产生，特点是自由清新、绚丽多彩。

104. 社僧，奈良时代以后，由于神佛混淆所造成的隶属神社或神宫、却掌管法事的僧人。

105. 能乐，指猿乐能。日本南北朝及室町时代由观阿弥、世阿弥父子集大成的歌舞剧，江户时代成为幕府的仪式乐。

106. 假名草子，江户初期用假名或夹杂假名书写的物语、小说、教导书、地方志等。

107. 御伽草子，室町时代至江户初期完成的300余篇短篇物语的统称。

108. 寺子屋，江户时代为庶民开设的初等教育机构，由武士、僧侣、医生和神职人员等担任教师，教授写、读、珠算等内容。

109. 说唱故事，日本说唱艺术形式。与抒情的谣曲相对，重视传达唱词的内容，旋律、节奏的变化等音乐情绪的表现具有明显的从属性。

110. 金平净琉璃，古净琉璃的剧目之一，由江户的和泉大夫说唱的净琉璃，因主人公叫金平而得名。

111. 初代市川团十郎的父亲名为堀越重藏，因其出身非人而被称为“菰之重藏”。“菰”，即乞丐。

112. 指元禄十七年，演出中的初代市川团十郎被同台演员生岛半六刺死。

113. 狩野派和土佐派是日本画的两大流派。狩野派吸取中国绘画风格，奉将军家御用画师狩野正信为始祖，统治着安土桃山时代至江户时代的画坛。土佐派则继承具有纯日本题材和形式的大和绘样式，由宫廷绘所画师藤原行广自称“土佐”开辟先河，后由土佐光信确立画派。

114. 二条家，日本中世的和歌学家族。始祖为二条为氏。作为歌坛主流，代代都有敕撰和歌集的编者。

115. 头陀袋，僧侣托钵乞食时所使用的袋子。

116. 好色本，以妓院的狎妓生活为题材的浮世草子的总称。“好色”在日语中指爱欲。

117. 世话净琉璃，以江户时代各个时期的世态为背景，写实地描写恋爱、义理、人情纠葛的净琉璃作品。

118. 西行（1118—1190），日本平安末期至镰仓初期的歌僧。23 岁出家，擅写凝结生活体验的述怀歌，诗风自由简明且感情至上。

119. 村方骚动，指江户中期以后村落内部频繁发生的农民运动。农民将地租、劳役、入会地的使用等各项问题申诉于领主，向领主控告村吏的不法行为，要求改革村政。

120. 捣毁暴动，指江户时代社会中下层农民、町人聚众破坏豪农、米谷商、高利贷主的房屋和家财的行为。

121. 指尚未继承家督的嫡男或无权继承家督的次子及以下男子只能住在家中的一个房间内，亦指这样的人。

122. 德目主义，将道德内容划分为仁、义、忠、孝等细目，通过传授这些详细的道德条目来培养道德。

123. 禄米，江户时代幕府、各藩对未获封领地的家臣支付的扶持米或金钱。

124. 大冈断案，指大冈忠相公平公正又充满人情味的断案故事。

125. 青木昆阳曾劝人们种植甘薯应对饥荒，并著有《番薯考》，因而得此爱称。

126. 役方，江户幕府职务名称，如“近臣”“奉行”等行政、经济诸职务。与负责杂务、警备的“番方”相对。

127. 公用人，江户时代大名家中处理幕府相关事务的人。

128. 御番众，负责在宫殿、将军身边警卫，处理杂务的官职。

129. 上方文化，江户时代以京都、大阪为中心的近畿地区发展起来的文化。与江户文化的豪放相对，以优雅著称。

130. 十八大通，泛指江户时代的花街行家。“十八”一说为多数之义，一说源于吉利数字十八，一说指具体人数。

131. 重流放，江户时代的流放分为重、中、轻三种，被判重流放的庶民禁止在犯罪地、本藩、以江户日本桥为中心的方圆五里内居住，武士则禁止进入犯罪地、本藩、关八州、京都附近、东海道大道附近，并没收财产。

132. 明和事件，江户幕府镇压尊王思想的事件之一。明和三年（1766），幕府以山县大式、藤井右门的言行涉嫌谋反为由，将二人逮捕并处死刑，将同案逮捕的竹内式部流放远岛。

133. 古河古松轩，江户后期的旅行家、地理学家。自中年起周游日本各地，著有《西游记》《东游杂记》等游记，晚年受幕府之命编纂江户近郊地志《四神地名录》。

134. 修验者，修验道的行者。修验道指在山林中修行以期感悟灵验的宗教，由日本传统的山岳信仰、神道、密教、阴阳道等混合而成。

135. 御用金，江户时代幕府和各藩以付息偿还为约定，向町人和百姓强制课征的借用金。

136. 茶坊主，室町、江户幕府的职务名称，指在武家城内、宅邸内掌管茶道和勤杂等事务的人。因打扮成出家人而得名“茶坊主”。“坊主”，即僧人。

137. 监物，令制下，隶属中务省，监察大藏、内藏等各库出纳的官员。

138. 溜间诘，江户时代有权利在江户城内黑书院中名为“溜间”的房间内共同商讨国事的亲藩和谱代大名。这些大名或在亲藩和谱代大名中级别最高，或曾经担任过老中。

139. 气质物，人物类型小说，浮世草子的一种，主要描写江户时代平民的性格特征。

140. 读本，江户后期小说体裁，不同于以绘画为主的草双纸，而是以阅读文字为主的本子。受中国白话小说影响，多取材于日本史实，具有强烈的传奇色彩。主要宣扬劝善惩恶、因果报应等思想。

141. 《六谕衍义大意》，对明末清初学者范鋐所作的教育书籍《六谕衍义》的翻译和讲解之作，是官方指定的寺子屋教科书。

142. 滑稽本，江户后期的小说体裁，以滑稽内容为主，主要流行于江户。多以町人的日常生活为题材，常用对话形式。

143. 人情本，流行于文政年间至明治初期的风俗言情小说，多注重感情的共鸣，主要描写男女爱情。

144. 原文"水の出てもとの田沼になりにける"。日语中"有水"与"水野出现"同音，一语双关，讽刺水野忠成主持下的幕政与田沼时代并没有什么区别。

145. 长腰刀，指赌徒和侠客。因其佩带长腰刀而得名。

146. 国定忠次（1810—1850），江户后期的著名赌徒，因侠义而闻名，因杀人、闯关等罪被处以磔刑。其故事被改编成诸多评书、戏剧。

147. 寄场，位于交通枢纽或组合村中心的村。

148. 抢牛事件，1824 年（文政七年）8 月，英国船只登岛要求购买岛民的牛，岛上官吏拒绝后，二三十名英国人登岛抢走三头牛，岛上官员吉村九助射杀一名英国人。

149. 富签，流行于江户时代，由寺庙或神社举办的赌博活动。活动业主发行带有数字的富签，将数字相同的富签放入富箱，用锥子刺，被刺中者获得奖金。

150. 尊王攘夷，主张尊崇天皇、排斥西方的思想。起初，尊王论和攘夷论是分开的，但到了江户末期，在幕藩体制产生矛盾以及外国列强压迫的危机感中，二者结合逐渐发展为讨幕运动，在幕末政治运动中发挥指导作用。

151. 公武合体，指江户末期幕府企图与朝廷的传统权势相结合，改组幕府、强化幕藩体制的运动。

152. 细见记，发行于江户时代至明治初期的评论集，相当于游里勾栏的指南书，上面详细记录着茶屋的位置、游女的姓名、位阶、价目等诸多信息。

153. 落语，日本曲艺形式之一，以诙谐的语句、动作以及有趣的结尾逗观众发笑。类似于中国的单口相声。

154. 伊东玄朴（1800—1871），江户末期的荷兰医术医生，师从西保尔德。在江户一面行医，一面在象先堂培养弟子。

155. 谷文晁（1763—1840），江户末期画家。学习南蘋派、狩野派等各派绘画艺术，吸取南画、西洋画、大和绘的手法，形成别具一格的南画画风，在江户文人画坛占有重要地位。

156. 车偶，一名操纵者坐在可移动的带轮子的箱子上，用双手双脚操纵本应三人操纵的木偶。

157. 安政大狱，1858 年（安政八年）至翌年，大老井伊直弼对愈演愈烈的尊王攘夷运动进行了镇压。受株连的公卿、志士达百余人，吉田松阴、桥本左内等八人被判处死刑。

158. 舍文，江户时代写有密告或上诉内容、被扔到衙门处的匿名信。

图书在版编目（CIP）数据

江户时代 /（日）北岛正元著；米彦军译. -- 北京：新星出版社，2019.4
ISBN 978-7-5133-3124-1

Ⅰ. ①江… Ⅱ. ①北… ②米… Ⅲ. ①日本－中世纪史－江户时代－通俗读物 Ⅳ. ① K313.360.9

中国版本图书馆 CIP 数据核字（2018）第 154791 号

江户时代
[日] 北岛正元 著
米彦军 译

责任编辑 汪 欣
特邀编辑 高伟健
装帧设计 周伟伟
内文制作 李 娜 史建明
责任印制 史广宜

出 版 新星出版社 www.newstarpress.com
出 版 人 马汝军
社 址 北京市西城区车公庄大街丙 3 号楼 邮编 100044
电话（010）88310888 传真（010）65270449
发 行 新经典发行有限公司
电话（010）68423599 邮箱 editor@readinglife.com
印 刷 山东韵杰文化科技有限公司
开 本 787 毫米 ×1092 毫米 1/32
印 张 10.25
字 数 140 千字
版 次 2019 年 4 月第 1 版
印 次 2020 年 5 月第 2 次印刷
书 号 ISBN 978-7-5133-3124-1
定 价 49.00 元

EDO JIDAI
by Masamoto Kitajima

First published 1958 by Iwanami Shoten, Publishers, Tokyo.
This simplified Chinese edition published 2019
by ThinKingdom Media Group Ltd.,Beijing
by arrangement with the proprietor c/o Iwanami Shoten, Publishers, Tokyo

著作版权合同登记号：01-2018-6198